JN258364

文学のレッスン

丸谷才一

聞き手 湯川豊

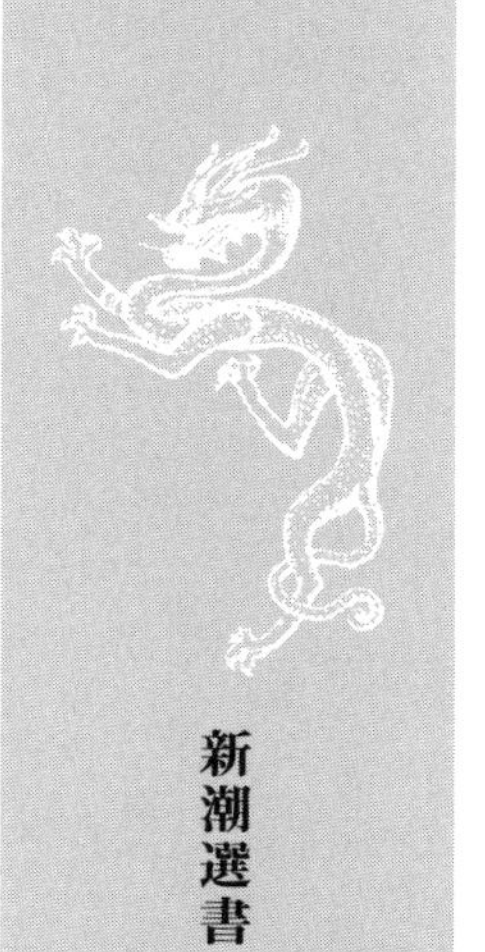

新潮選書

文学のレッスン　目次

文学のレッスン

はしがき

　文学概論ないし文学原論ないし文学総論、まあ呼び方は何でもいいが、とにかくその手の文学についての一般論には関心がなかつた。これは少年時代に夏目漱石の『文学論』を手に取つたものの、ちつともおもしろくなかつたせいが大きい。戦後、吉田健一の漱石論を読み、彼の小説についての評価にはまつたく同じることができなかつたが、『文学論』に対する批判には大賛成だつた記憶がある。

　その吉田健一の『文学概論』には舌を巻く思ひだつた。言葉と精神についての考察から文学の各ジャンルへと一気に攻めてゆくエネルギーに圧倒されたのである。あれは『ヨオロッパの世紀末』や『英国の文学』とくらべて話題にならない本だけれど、もつと注目されていい。どうやら折口信夫(おりくちしのぶ)は、国学院で文学概論を講じてくれと彼に頼んだとき、この批評家が文学について存分に、いはゆる文藝評論とは別種の趣で自由奔放に語るための形式を発明し、提供することになつたらしい。偉大な学者＝詩人は、異色の編集者的直観に恵まれてゐた。

その後わたしはクセジュ文庫の『音楽の形式』を読んだせいもあつて、文学をジャンル別に論じるのはいい趣向かもしれないなどと考へたことがある。つまり伎癢（ぎやう）の念といふやつで、わたしなりに腕がむずむずしたのだ。しかし怠け者のわたしがそんなことを実際に試みるはずはもちろんなく、空（むな）しく日を過してゐた。それなのにこの『文学のレッスン』といふ本が出来あがつたのは、「考える人」といふ特異清新の雑誌が最上のインタヴュアーを当てがつてくれたおかげである。

かつてのほのかな伎癢の念がこんな形で実現したことにわたしは驚き、さらに、その本が、文学概論としてはともかく、閑談的文学入門としてはずいぶん読みでがあることにびつくりしてゐる。

二〇一〇年三月二十日　東海大学東京病院にて

丸谷才一

【短篇小説】もしも雑誌がなかったら

短篇小説のはじめ

――作家、批評家としての丸谷さんの背後には、いうまでもなくイギリス文学がありますね。ところが西洋の文学で短篇小説というと、われわれがすぐに思い浮べるのはフランス十九世紀のモーパッサンであったりします。短篇という小説の形式は、同じヨーロッパでも国によってだいぶありかたというか、展開のしかたが違うということでしょうか。

丸谷　イギリスではいったいに短篇小説というのは位どりが低いんですよ。なにしろ長篇小説の国ですから、長篇小説がぐーんと格が高くて、反面短篇小説はひどく軽んじられる傾向がある。短篇小説を英語ではふつうショート・ストーリーといいますね。そのショート・ストーリーという言葉が、オックスフォードの英語大辞典（ＯＥＤ）に載ったのは、一九三〇年のサプリメント（補遺）のときが初めてで、つまり一九三〇年まではショート・ストーリーという言葉は公認されていないわけね。短篇小説が軽んじられているという僕の認識は、そんなところにも裏づけがあるんです。

──しかし、イギリス文学史のなかで、短篇小説はそんなに寥々(りょうりょう)たるものですか。

丸谷 そうでしょうね。十九世紀末頃には、スティーヴンソン、その少し後のコンラッド、ヘンリー・ジェイムズ、そういうちゃんとした作家が書くようになったのですが、それまではほとんど書かれなかった。書かれても残らなかった。たとえばディケンズに短篇の「クリスマス・キャロル」があっても、それは長篇小説の『オリヴァー・トゥイスト』とか『二都物語』とか『荒涼館』とか、そういうものにくらべればぐっと格が低いでしょう。短篇小説が大事だという認識は、イギリス人にはまったくなかったし、今でもないでしょうね。グレアム・グリーンが、短篇小説のことを、「長篇小説作家としてのわたしの経歴の副産物」といっていた。まあそんな扱いでしょう。

このインタヴューのために、短篇小説論を少しあさってみたんですよ。そうしたら、長篇小説についてのよい本はたくさんあるけれど、短篇小説についての良書は非常に少ないという記述に行き当った(笑)。つまり格の高い短篇小説論はないんじゃないかなあ。

──イギリスで格が低いとされていたのは、ひとつには読者＝享受者(きょうじゅしゃ)がいない、ということでしょうか。

丸谷 文学の好みとして、長篇小説が圧倒的に好かれているということ。フランス人は、イギリスのことを「長篇小説の国（ペイ・ド・ロマン）」と呼んだとよくいわれますね。イギリスでは長篇小説が早く発達して、完成の域に達した、ということでしょう。だから、リチャードソンの『パミラ』とか『クラリッサ』とか、書簡体の長篇小説が全ヨーロッパを風靡（ふうび）した。その後塵（こうじん）を拝するかたちで、フランスでラクロ『危険な関係』、ルソーの『新エロイーズ』が書簡体で書かれる。

それからデフォーの長篇小説、スウィフトの長篇小説があり、またその反動としてのスターンの『トリストラム・シャンディ』がある。これは一種の反小説とされていますが、その真似（まね）をしてディドロの『運命論者ジャックとその主人』が出た。そんな調子で、フランスではイギリス小説を先輩として仰ぎ見ながら長篇小説を書いていたわけです。

フランスでは、はじめのうち、長篇小説の需要がそれだけなかったということでしょうね。長篇小説の読者がフランスではおくれて成熟した。それは結局のところ、ブルジョワ階級というものがイギリスのほうが先に形成され、成熟した。イギリスのほうが名誉革命以後、民主主義的な社会がきちんとできあがっていて、出版ジャーナリズムもそれに応じて形成された。フランスの場合は、それが遅かった。フランスはどうしても王侯貴族の社会が強固につづいて、そのせいで長篇小説の発達がおくれたということがあるんじゃないかな。

――たしかに十八世紀も終ろうとするときフランス革命があり、ナポレオンの帝政を経てブルジョワジーが興隆するのは十九世紀前半からですね。と同時に、フランスがようやく小説の世紀に入るようです。しかも長篇小説と短篇小説が一気に、という感じでしょうか。

丸谷　短篇小説の確立というのは、新聞とか雑誌とか、ジャーナリズムのありかたと深くかかわっているんです。

　フランスの短篇小説は、なんといってもモーパッサンが代表で、短篇小説の型をつくった。それが一八八〇年代で、九〇年代になると体調をくずしてもうだめなんですね。このへんは専門の鹿島茂さんにも話を聞いて確認したのですが、一八八〇年代にモーパッサンが量産した短篇小説は、日刊新聞が掲載の舞台なんです。その日刊紙は朝刊ではあるけれど、今の日本でいえば夕刊フジとか日刊ゲンダイとかの夕刊新聞に近いものだった。それに一ページとか二ページとかの読み切りの短篇小説が掲載されて、その代表的な流行作家がモーパッサン。だから大衆が読者の、ごくふつうの意味での小説家で、たとえば梶山季之とかそういう人がいるでしょう、日本でも。

　もっとも、モーパッサンは最初の作品から日刊新聞に載ったわけじゃない。フローベールが十人ぐらいの作家の作品を集めた『メダンの夕べ』という短篇集をつくったとき、モーパッサンの「脂肪の塊」を入れた。それがすばらしいというので、日刊新聞が殺到し、一躍人気作家になった。これも梶山季之的ね（笑）。だから、夕刊フジのたぐいの新聞がいろいろあって、それがけっこう売れていたんですね。毎号読み切りの短篇を載せていたという母体があって、それにふさわしい腕の立つ作家が求められていたところに、モーパッサンが彗星のごとく現われたんでしょうね。メディアの要求と、短篇小説という形式の確立がかなりはっきりと見える。

――今のお話は短篇小説の確立とメディアとのかかわりがきわめて明解ですね。それでちょっと脇道に入ることになるのですが、フランスの場合は、国民性というと大げさになりますが、エスプリのきいた短篇、小咄のようなものが元来好きという面もあるでしょうか。

丸谷　あるでしょうね。みんなで集って話をする、あるいは話を聞く、それが楽しみであって、そこでの話、まあ夜話というようなものから短篇小説が発展したという面があるでしょう。これはイタリアですが、短篇小説の原型である『デカメロン』などにはそういう痕跡がある。アメリカは行商人が多かったから、彼らが宿屋でしゃべる夜話が短篇小説の母胎になったという説もあるけれど。

フランスの場合は、サロンで語られたり聞いたりした話が綺譚のようなかたちで定着するということがあるかも知れません。ただしモーパッサンの読者は、サロンにあこがれる連中ではあってもサロンに出入りできるような人びとではなく、やはり大衆日刊紙を買う層だったわけです。

——フランスでも十九世紀には、バルザックとかデュマとかの大長篇が出てくるとはいえ、短篇小説に関する英仏の違いはずいぶん大きいですね。

丸谷　サマセット・モームは、短篇小説は形式美が大事だからフランスで発達したし、イギリス人は形式美が苦手だからうまい短篇作家になれなかった、という説ですね。そういう面もあるかもしれない。つまりシェイクスピアの無形式対ラシーヌの形式。

——なるほど、そこまでさかのぼって考えるとかえって説得力があるような気がします。

丸谷　イギリスでショート・ストーリーという言葉が確立するのはさっきいったようにだいぶ後になるのですが、ショート・ストーリーが使われる前に、スケッチという言葉がわりに使われたんですね。ツルゲーネフの『猟人日記』、あれは *A Sportsman's Sketches* というのが英訳の題なんですよ。スケッチなんです。それからアメリカのワシントン・アーヴィングの短篇集が『スケッチ・ブック』。そういうものは短篇小説といわれないで、スケッチといわれていた。

このスケッチというい方が日本に入ってきて、写生文になったんですね。子規、虚子、それから斎藤茂吉の写生、写生が短歌・俳句の基本であるというもの。その写生の概念とリアリズムの概念が合致して、自然主義文学が出てきたんだと思う。

——そういえば国木田独歩にはまさしくスケッチといえるものがあって、自然主義文学。島崎藤村にも「千曲川(ちくまがわ)のスケッチ」があります。

丸谷 英米の文学用語として、短篇小説という言葉、ショート・ストーリーという言葉がなかったせいでスケッチという言葉を使った。このことが、日本では非常に大きな意味をもつようになってしまったんですね。

短篇がドミナント・フォームの国

——イギリスでは、日刊新聞あるいは雑誌ジャーナリズムで、短篇小説が発表される場所がなかった、ということでしょうか。
丸谷 その通りです。「ロンドン・マガジン」という文芸雑誌には載りますが、これは文芸専門誌で一般読者が読むというわけじゃない。ふつうの新聞と週刊誌には、クリスマス号があって、これにクリスマス・ストーリーというのが載るんですよ。例のディケンズ以来の伝統があるから、クリスマスにまつわる短篇小説が読者に喜ばれる。グレアム・グリーンの「復讐(ふくしゅう)」というのも何かのクリスマス号に載った。今は自伝『一種の伝記』の一章という形になってますけど。それから夏休みのとき、夏の特別号に短篇小説が載る。それ以外には、短篇小説が載ることはほとんどありません。

ところがアメリカはまったく違うんです。アメリカは雑誌が発達した国ですが、E・A・ポーの短篇小説は雑誌が主要な発表舞台だった。ポーが短篇小説について書いた短い文章があって、そこでポーは、季刊雑誌には短篇小説は向かない、向くのは長くて立派な評論であるといっている。月刊雑誌こそ、短篇小説の格好な舞台であるなんていってます。実際、ポー自身が雑誌的な作家だった。

アメリカではずっと月刊誌が短篇小説の発表舞台になってきたんですが、その次に週刊誌が出てきて、そこに短篇小説が載るようになった。もちろん代表が「ニューヨーカー」。サローヤン、サリンジャー、アップダイクなどが常連執筆者として活躍しました。雑誌がある限り短篇小説は必要なんですね。

――たしかに月刊誌「エスクワィアー」の創刊編集長だったアーノルド・ギングリッチは、ヘミングウェイなどの作家をずいぶん大事にしたし、またそういう有力作家の短篇を毎号載せていました。そういうアメリカの伝統があるんですね。

丸谷　余談になるけれど、アメリカには自分たちは長篇小説が書けないんだというコンプレックスが長く強くあった。だから逆にグレート・アメリカン・ノヴル（偉大なアメリカ小説）という概念に取りつかれているのが二十世紀のアメリカ作家だったんです。

フィリップ・ロスの長篇で邦訳の題が『素晴らしいアメリカ野球』というのがあるけれど、原題は *The Great American Novel*『偉大なアメリカ小説』そのものなんですよ。このタイトルの由来するところを考えてみると、批評家はみんなグレート・アメリカン・ノヴルを書けという、われわれはグレート・アメリカン・ノヴルをもっていないのだから、としきりにいう。そこで、こういう手でいけば書けるんじゃないかというような自負と自嘲、それに批評家に対するからかいと、みんな入りまじっている、ややこしい題なんですよ。ヘンリー・ジェイムズ以来自分たちはグレート・アメリカン・ノヴルをもっていない。グレート・ノヴルをもっているのはなんといってもイギリス、まあフランスやドイツやロシアもそれに達したけれど、アメリカはもっていない。そういう猛烈なひがみの片方には、短篇小説はいいものがあるという自負があるでしょう。——日本の近代文学にもちょっと似たような形勢があるような気がします。

丸谷　日本でも雑誌と短篇小説のかかわりは濃密ですね。昔の日本の総合雑誌は、「中央公論」でも「改造」でも、目次の左のほうに毎月短篇小説のタイトルが二つか三つ並んでいました。たとえば藤村の『夜明け前』とか大長篇小説を載せたこともあったけれど、主として短篇小説でした。谷崎潤一郎とか永井荷風とかの短篇を読んで、それを楽しんでから、河上肇とか吉野作造とかの論文を読んで勉強したわけでしょう。

　そんなふうに、短篇小説が日本文学の支配的形式——ドミナント・フォームっていうのだけれど、それだったんです。ある分野のいちばん優秀な才能がそこに集まる、それがその国の文学を代表する形式である、というのをドミナント・フォームという。たとえばエリザベス朝のイギリスだったら五幕物の悲劇、江戸後期だったら漢詩、平安朝なら、やはり和歌でしょうね。そういうふうにいちばん代表的な形式があるんですが、近代日本の文学では、なんといっても短篇小説がそれだったんです。

ただし、戦争が終ってから短篇小説がドミナント・フォームでなくなった。雑誌中心じゃなくて単行本中心になったせいですね。批評も、しだいに文芸時評中心じゃなく、書評中心に変ってきた。変化が出てきた。そのせいで、短篇小説がどうもかなり長いあいだ軽んじられてきている。それでも日本人は短篇小説が好きで、たとえば文学賞でも、日本人がいちばん大事に思ってる文学賞は短篇中心の芥川賞で、長篇小説中心の谷崎潤一郎賞ではないわけね。その谷崎賞で見ても、短篇小説集がかなり多いんです。わりに質が高いというか、長篇小説より上という感じのことがある。選考委員として、僕はなるべく長篇小説でいきたいなと思っていたんですけれど、一概にそうもいえない感じですね。とにかく、読者も短篇小説が好きだし、小説家も短篇小説が好きだな。

——日刊新聞とか月刊誌、週刊誌と短篇小説の関係というのは、ちょっと引き延ばしてみると、読者と短篇小説という関係になりますね。

丸谷　短篇小説というのは要するに短い小説なのであって（笑）、読者にとっては短いのがぐあいがいいし、また物足りないところでもあるわけです。東西の冷戦時代に、封じ込めという戦略を考え出したジョージ・ケナンというアメリカの外交官がいます。この人はロシア語がよくできるんですが、彼が夜ちょっとした気晴らしをしたいというようなときには、チェーホフの短篇小説を読んで、それで気分転換して、それからまた仕事にかかるんですって。そういうとき、長篇小説はだめだ、時間がかかってしようがないといったという話があるんです。これは高坂正尭さんから聞いた話だな、たしか。

短いのがいいわけですね。ちょっと音楽を聴きたいと思っても、シンフォニーは聴いていられないときがあって、そういうときはパールマンのアンコール・ピースを集めたCDの、これとこれを選んで聴くなんてことをするでしょう。それと同じような気持で短篇小説を読んで、ああおもしろかった、では一つあの書類を見ようか、なんて調子でしょうね。

――たしかに読者の側から見ると、それは短篇小説の効用のひとつですね。そういうときでも問題になると思うんですが、短いという、その短さです。つまりどれぐらいの短さをもって短篇小説というのかということですが。

丸谷　短篇小説とは何かという定義となると、一筋縄ではいかない難しさがあるから、それは脇に置くとして、短篇小説の短さにもおのずから限度があって、極端にうんと短くなってしまうと、それはアネクドート（逸話）になる。短篇小説じゃなくなる。アントニー・バージェスというイギリスの作家・批評家が『エンサイクロペディア・ブリタニカ』の「小説」の項目でそういってるんです。バージェスの説は、たとえばワシントンが桜の木を伐って、それを正直に父親にいった。父親がその正直さをほめて伐ったことを許したという話、あれはアネクドートであって短篇小説ではない、ということですね。

――そういえば以前、丸谷さんは『徒然草』のあるエピソードについて、同じ趣旨のことをおっしゃっていましたね。

丸谷　『徒然草』に虚無僧（こむそう）たちの決闘の話があって、誰かがこれは短篇小説といってもいいと書いてあるのを読んだ。僕はそのときこれは短篇小説じゃないだろうと思った。受ける感銘が短篇小説のそれに近いとはいえるかも知れないけれど、短篇小説である、というのは批評的誇張ではないかと。よくいうじゃないですか、「この作品ぐらいすごくなると、もはや文学というより、人生そのものである」などと褒める。褒めるのは勝手だけど、しかし白い紙に黒いインクで刷ってある本が、人生そのものってことはないんでね。

――やはり批評的誇張ですね。

丸谷　うん、誇張だと思う。『徒然草』の虚無僧の話が、さながら一篇の短篇小説であるというのは、やはりオーバーないいかたで、それはちょっと無理だろうと。しかし、たとえば同じ短いものでも、川端康成の「掌の小説（てのひら）」は短篇小説といっていいと思うんです。さっきいったスケッチですね。

アネクドートは短篇小説でないとしますね。そのアネクドートと接して、ここから短篇小説になるというのは、スケッチという言葉がぴったりかも知れない。川端康成の「掌の小説」は駄作もあるけれど、おおむねいいものが多いんです。今の作家では、江國香織さんの書くものは、短篇小説というよりもむしろスケッチに近いものがかなりあって、あれ、うまいですね。

結論として、アネクドートよりは長くって中篇小説より短いのが短篇小説と考えてはどうかしら。でも、ちょっと待って。英語では中篇小説のことをショート・ノヴルともロング・ショート・ストーリーともいうね。あれも短篇小説の一種と見るんだな。すると、長篇小説より短いものってことになるのかな（笑）。

書き方のあの手この手

――作家の意識としては、短篇小説のストーリーと長篇小説のストーリーでは、考えるときのアプローチがまったく違うものですか。

丸谷　考えていて、これは長篇だなとか、これは短篇だなとか、あるいは中篇だなということはわかるけれど。

――長篇小説は、単一のストーリーがあるだけではなく、いくつかのストーリーの線が混じりあう、絡（から）みあうという複合性がありますね。短篇小説はそういう複合性をあまり要求しないというような感じでしょうか。

丸谷　短篇小説の特徴として、統一と調和と構成、そして構成といってもわりに単純明快な構成ということはあるでしょうね。統一というのも、これもわりに単純明快な統一。長篇小説的統一性というのとはちょっと違う統一性があるとはいえるでしょうね。

読者にとって短いのがぐあいのいい場合があるという話をしましたが、作者のほうにとっても、ぐあいがいいこともある。短さのせいで早く書ける、あるいは鋭い効果を狙（ねら）うことができる。いろいろいえるわけだけれど、短さのせいで物足りないこともある、作者のほうにも。それで、短篇小説の短さを逆用して、豊かな内容にするにはどうしたらいいか、いろいろ手があるわけね。
これは西洋ではいわれていない短篇小説論なんだけれど、日本の短い文学形式を類推の手がかりにして考えてみるといいんじゃないかと思うんですよ。

日本の短い文学の代表というのは、和歌と俳句ですね。和歌のほうが少し長いといっても三十一音。俳句は十七音。歌人や俳人はその短さのなかで工夫したわけです。工夫した手のなかでいちばん派手なのは、本歌どりですね。本歌どりというのは説明するまでもないと思いますが、要するにみんながよく知っている古い歌の一部を意識的に取り入れて、自分が今詠む歌の世界を広げる、増幅する手ですね。それで三十一音が、二倍三倍の世界をもつようになる。

たとえば本歌が『古今集』東歌の、「君をおきてあだし心をわがもたばすゑの松山浪もこえなむ」。この本歌をとって清原元輔が、「契りきなかたみに袖をしぼりつつ末の松山浪こさじとは」と詠む。三十一音なんだけれども、本歌があるものだから愛を誓ったずっと昔の情景が入ってきて、歌の中身がうんと濃密になる。こんなふうに他の説話の仕組を取り入れるのは、短篇小説のつくりの派手な手ですね。

たとえば短篇小説の代表作のような、アナトール・フランス「ユダヤの太守」。ローマに、ピラトという退役した官吏がいて、彼はユダヤの地方官、まあ県知事みたいなことをやっていた。この男が在職中のことを喋りまくる、ぺらぺらと。最後に、そのピラトのところに招かれた客が、「ところで、あなたはナザレびとのイエスという男を処刑したあの方ですね」というようなことを、もう少し婉曲にいう。するとピラトが、「イエス？　ナザレの男？」と首をかしげる。客が

「御存じでしょう」というと、「覚えていない」というところでパッと終る。そういう短篇です。
　これはローマ帝国の地方官の晩年を書くことによって、官僚の気質を書いたともいえるし、歴史に対する皮肉ともいえるし、複雑な味わいがある。三十枚ぐらいの短篇小説なのに、福音書に出てくるイエス・キリストの事蹟を取り入れているものだから、ものすごく大きくなって、何百枚もの小説みたいな感じになっている。本歌どりという手を使っているといえなくはない。

——それはすごい例ですね。本歌どりの手法と一見わからないようにして、イエスとキリスト教そのものが向う側にあるわけですから。

丸谷　何か既成の文学作品、『ハムレット』とか『アンナ・カレーニナ』とかを使って小説を書く、戯曲を書く、そういう書き方をイギリスの作家は「ハイジャックする」っていうのね。

——なるほどハイジャックか。

丸谷　これはA・S・バイアットから教わった。対談したとき。

——アナトール・フランスは福音書をハイジャックして短篇小説を書いたわけですね。

丸谷　そうなんですね。次に俳句で考えてみましょう。俳句は五・七・五で、和歌のおよそ半分の短さですが、あれは句切れ、切れ字があることで、句と句の関係がひどく断絶しています。たとえば「古池や蛙飛びこむ水の音」。長谷川櫂さんが『古池に蛙は飛びこんだか』という本を書いた。「古池や」というのは目の前に古池があって、その古池にカエルが飛びこんだんじゃない。「古池や」といって古池を見たときに、カエルが飛びこむ光景を思った。眼前の古池と、飛びこむカエルは別のところにいる、おおよそそのような説でした。これが句切れの作用ということになるわけです。

この説は、従ってもいいし従わなくてもいいんです。古池と飛びこむカエルが別の世界にあるという考え方と、つながった同じ世界にあるという考え方と二つがあり得る。その二つがもうろうとしてこんがらかっているところが、僕はあの句のおもしろさだと思う。つまり長谷川さんの解釈は、それなりに正しいんですよ。でも別解もあって、その別解とのまじりぐあいがあの句のおもしろさだと思うんです。

加藤楸邨さんの「鰯雲人に告ぐべきことならず」。その解釈（1）。鰯雲をきれいだなあと見ている。ところで、自分が今悩んでいるあの女の問題（あの金銭の問題その他何でも）は、だれにも相談できない、やっぱりいわないほうがいい。沈黙を守ろう。もう一つの、解釈（2）。ああ鰯雲きれいだな、これを人にいってもだれもわかってくれないな。二つの解釈で、たぶん俳句の初心者は（2）だけで考えていると思う。そして俳句の専門家は（1）だけで考えていると思う、おそらく。僕は、（1）と（2）の解釈の二つが紛れるところが、俳句のあいまい性で、俳句のおもしろさなんだろうと思うんです。正解がどっちともいえないところがおもしろい。

そこで、（1）のほうだけでいきますよ。古池とカエルが飛びこむのは別の世界、という考え方でいきますよ。ここには飛躍がありますね、たしかに。この飛躍のあるやり方に近いのが、枠入り小説、フレームド・ストーリーというのですが、それに近い。作中人物の生活がいちおう書いてあって、その人物が私が若い頃こういう異常な体験をしたなんて語る。語り終ると、またもとの、現在のその平凡な暮しをしている人物の日常に戻る。そういう仕組みがあるでしょう。それが枠入り小説ですね。何かいい例がないかな。

――中篇ですが、谷崎潤一郎の『蘆刈』はそうですね。

丸谷　ああ『蘆刈』はそうですね。それから変な例だけれど、永井荷風の『四畳半襖の下張』だって、どこかの部屋の襖の下張をはがしてみるとこういう文章が出てきた、とやって、あの話が始まる。枠のなかの物語。絵でいうと、絵そのものと額縁とが別々なものとしてある。

佐藤春夫の「女誡扇綺譚」、あれがいいかも知れない。佐藤春夫が、自分が台湾のある土地へ行ったとき、こういう風景のところを見た。それについて、私はこういう話を聞いたのだが、おもしろいからその話を記すとあって、中心の話になる。つまり旅行者の春夫がいる。それから台湾のその土地で起こったかなり哀れ深い恋愛事件がある。まるで違う二つの世界が一緒に合わされて、鮮明なコントラストになる。それが非常におもしろい効果になるわけです。

こういう枠入り小説は、俳句の切れ字みたいな仕組と効果があると思うんです。日本の短詩型文学は歴史が長いから、みんながあの手この手を考えて苦労しているわけですよ。それを短篇小説で考えられるあの手この手に見立ててみると、さまざまな類推が可能になりそうなんですね。

――うーん、これは意外なところからの類推による短篇小説作法ですね。

丸谷　もう一つ、連作短歌とか連作俳句というのがあるでしょう。俳句の場合だと水原秋桜子とか山口誓子とかが、どこか旅に出て、長崎なら長崎の句を連作としてつくって一緒に発表するというものですね。あの連作に似ているのが、小説のサイクルという方法です。サイクルというのは、この場合、一団とか一群という意味なんです。

具体的にいうと、ジョイスの『ダブリンの市民』。ダブリンの人びとのことばかりを短篇連作のように書いて、一冊の短篇集にしている。あれはサイクルです。シャーウッド・アンダースンの『ワインズバーグ・オハイオ』。ワインズバーグの人びとの話が一冊に集められています。このサイクルというやり方には、かなりいろいろなバリエーションがあって、たとえば『シャーロック・ホームズの冒険』という短篇集などは、ホームズについてワトソンが記述する話の短篇を集めて本にする。これも一種のサイクルといっていいでしょうね。このサイクルは、短篇小説の短さという点でぐあいが悪いところを、連作風に仕立てることで補った、そういう方法であったと見ることもできるわけです。

ポーとボルヘスの革命

――ところで、丸谷さんご自身の「樹影譚」ですが、あの小説はさきほどうかがった枠入り小説の、うんと複雑に手のこんだものと考えられますね。

丸谷　「樹影譚」は、短篇小説のなかに短篇小説がいっぱい入っているという点では、枠入り小説なんです。でも、そのなかに入っている短篇小説がすべて木の影の話で、その点ではサイクルなんですよ。サイクルと枠入り小説がこんがらかっている。

――枠入りの部分でも、枠のつくり方が単純ではない。作者がいて、ナボコフの短篇小説を読んだ記憶が語られて、それが夢かうつつかわからないという話から、さっと別の主人公である小説家の話になります。ふつうの、いわば便宜的に構えられた枠ではない。

丸谷　ええ。分析するのがちょっと面倒なのね。内容的にいうと文芸評論と短篇小説がごっちゃになっているし、こんがらかっているんですよ。あんなふうにややこしくするのが、短篇小説の最近の形勢なわけね。これはボルヘスが始めた手なんです。

ボルヘスは短篇小説を、一方では文芸評論にぐんと近づけていったし、もう一方で枠入り小説を極度に複雑にした。あの人は、自分は長篇小説はだめで、短いものしかおもしろいと思わないたちだというだけあって、短篇小説をどうすればこってりした味の濃いものにできるかを、よく考えたんですね。そこで短篇小説が一つ変っちゃったんです。

短篇小説の歴史ということから考えてみると、ポーの短篇小説は、非常に知的な操作でできるものだと考えてつくった。その点で大革命をやって、あそこから近代の短篇小説が始まった。それをもう一つ凝った仕組にしたのがボルヘスでしょうね。つまり短篇小説は南北アメリカ大陸の芸術なのかもしれない（笑）。

――たしかに、ポーからボルヘスへという補助線を引いてみると、短篇小説の書き方の革命的変化という点ではっきり見えてくるものがありますね。そうは思うんですが、それにしても短篇小説の書き方となると、まさに千差万別というか、さっきのサイクルという方法をひとつとってもいろんな濃淡、いろんな複合のさせ方があって、そこが限りなくおもしろいともいえるし、論が成り立ちにくいともいえるのかも知れません。

丸谷　書き方という点からみれば、たしかにじつにいろいろある。たとえば長篇小説にうんと近づいた短篇小説がある。これは一種年代記風に、あるいは伝記みたいになってくる。大岡昇平の「黒髪」という短篇小説がありますね。京都の宿屋の娘が、上方でいろんな男と関係して、最後は尼になるという話。その女の流転の記録。僕は名作だと思うんだけれど、これなんか三十枚ぐらいのなかに、たとえば徳田秋声が書いたら長篇小説になるような要素がつまっている。そういう意味では長篇小説に非常に近い。

それから、逆にアネクドートに近いのは、さっきいった川端康成の「掌の小説」が代表でしょうか。文芸評論に近いのは、これもさっきいったボルヘスがある。随筆に近づけば、山田詠美さんの「快楽の動詞」という奇妙な短篇がある。たとえば「いく」とか「死ぬ」とかの動詞についていろいろ論じてあって、ある作家の書いた小説のなかに、そのときに「落ちる、落ちる」と叫ぶ女が出てきた。その感じはわかるけれど、しかしどうもなにかおかしいなどといっているうちに小説になって、それから最後はまた随筆風に終る。僕は随筆体小説としてなかなかうまくできていると思いました。

それから童話に近づく。これは村上春樹さん。『千夜一夜物語』の感じに近いですね。詩に近づく。これは梶井基次郎の「檸檬」。散文詩ですね。安東次男さんたちがつくった日本詩歌のアンソロジーがあって、そのなかに「檸檬」が入れてあった。散文詩と見たわけね。紀行に近づく。さっきの佐藤春夫の「女誡扇綺譚」はそうでしょうね。野口冨士男の「なぎの葉考」もそこに入りそう。伝記に近づく。これは時代小説その他にいっぱいあります。

そんなふうに、みんながあの手この手で苦心してやっているんですよ。そして新しい短篇小説の手を誰かが発見したときに、短篇小説は急に魅力が出てくるんですね。ポーなんかのは大発明だったし、ボルヘスの発明もすごかった。田山花袋の「蒲団」なんていうのも、すごいといえばすごい手で、あれは告白に近づけたわけね。みんながこれはすごいと驚き、こぞって真似をした。非常に真似しやすいという点でも、安あがりで効率のいい手だった（笑）。それで大流行した。ところが困ったことに、安あがりのすごい手というのは、繰り返しているうちに読者が何とも思わなくなるんですね。すごくなくなって、マンネリになる。最近ではあの手をいくらやっても、だれも驚かなくなったでしょう。読者が慣れてしまう。だから難しいんです。

——以前丸谷さんと話をしているとき、ツルゲーネフ、チェーホフ、ゴーゴリなどの例をあげて、帝政ロシアのような近代社会が未成熟なところで、不思議に短篇小説のいいものができる、とうかがったことがありました。それは近代社会の成立と短篇小説の相関性についての示唆であるように思ったのですが。

丸谷　うん、後で少し考えてみたんだけれど、ブルジョワ文化の未成熟といったほうがいいかも知れない。ブルジョワ文化があるていど成熟してきて、余暇が生じる。その余暇を楽しむようになったときに、暖炉の前なんかでゆっくりと長篇小説を読むことになる。長い本のなかにある小説の世界とつきあう時間をもつようになるかも知れない。そのためには、読者の資産、閑暇、教養が必要で、文学趣味がわりと高いんじゃないと、小説家が努力してもなかなか受け入れてもらえない。そういう読者をもっていたのが十八世紀、十九世紀のイギリスであって、だからロマンの国、長篇小説の国と呼ばれるほどになったのでしょう。

その点フランスの場合は、貴族社会とそれに準ずる上流社会はそういうものをもっていたけれど、少し下のブルジョワ社会では長篇小説の読者が生れにくかった、あるいはイギリスにくらべて遅れた。それで短篇小説が隆盛になったと、読者のほうから考えてみたらどうかと思ったんですね。

チボーデに『小説の読者』という評論があります。チボーデがああいうふうに読者のほうから小説を考えようとした背景には、イギリスの読者とフランスの読者の対比があったのではないかなという気がするんですよ。僕は両方の読者について詳しく何かをいう資格はないんですが、少なくとも読者のほうから小説を考えてゆく視点はあり得ると思うんですね。アメリカの場合は、程度の高いブルジョワの読者がそんなにたくさんいなかったわけです。アイルランドの場合もその気配が強くある。後進国ですからね、短篇小説国になった。ジョイスの『ユリシーズ』だって、後進国、上流社会のない国、短篇小説の国の作家がどうすれば長篇小説を書けるかに苦心したあげくの奇策という見方ができるでしょうね。

ただしロシアの場合は、あれだけ大長篇小説が片方にあるから、ちょっとぐあいが悪いんですね。

――日本の場合、明治維新以後のブルジョワ社会の未成熟と短篇小説が中心だったというのが、ぴったり当てはまりそうな感じがありますね。ただ先ほどの話をうかがっていて、短詩型文学にこれぐらい国民こぞってなじんでいると、小説も長篇より短篇のほうがなじみやすいというか享受しやすいという傾向もありそうですね。

丸谷　それは日本には縮み志向というのがあって、お雛様が大好きとか、盆栽に熱をあげるとか、色紙や短冊を喜ぶとか、小ぶりなものに対する好みが非常にあるでしょう。短篇小説が好まれるというのは、それと関係するところがあると思いますよ。

好きな短篇小説いろいろ

――明治以降の日本の短篇小説でお好きなものをいくつかあげていただけますか。

丸谷　僕は大岡昇平さんの短篇が好きですね。ただし、歴史物はあまり感心しません。塩原温泉のことを書いた「逆杉」。あれは尾崎紅葉の『金色夜叉』を本歌にした本歌どりですね。それからさっきあげた「黒髪」が好きです。大岡さんにはもっと現代物の短篇小説を書いてもらいたかったな。

――石川淳の短篇小説はどうですか。

丸谷　石川さんも短篇小説、中篇小説に完成度が高いものがありますね。たとえば長篇小説の『白描』、あれは長篇小説をなんとかして書こうとする野望がみなぎっていますが、中篇の『普賢』にくらべると、おもしろさとか完成度とかの点でだいぶ見劣りがする。

少しさっきの話に戻っていうと、志賀直哉はスケッチ的短篇小説を書かせるとすばらしい。「焚火」とか「城の崎にて」とか、あれははっきりいってスケッチです。それから「十一月三日午後の事」なんかも。スケッチは脱帽するくらいうまいものだけれど、『暗夜行路』となると本当に質が低くなる。「偉大な日本の長篇小説」とはいえないですよ。
もういっぽうに谷崎潤一郎がいる。谷崎の成功した長篇小説、たとえば『卍』とか『蓼喰ふ虫』とか『猫と庄造と二人のをんな』とかは、みな中篇小説的なものですね。谷崎が本当の意味での長篇小説を書けたのは、『細雪』になってからでしょう。谷崎をもってしてもやはり長篇小説を書くのは大変だった。

——永井荷風はいかがですか。

丸谷 やはり短篇小説のほうがうまいんじゃないかな。荷風は長篇小説の幕が切れないんですね。『濹東綺譚』はまあ中篇としても、それでも最後に「作後贅言」とか何とかやって、むりやりに終っている。いちばんの名作は『腕くらべ』でしょうけれど、やはり終り方がおかしいですよ。『おかめ笹』はきちんと終っていますが、いったいに荷風は長篇小説では形式美の感覚がうまくいかないようです。フランス小説系なのにね。その点、短篇小説はきちんと終っていて、完成度が高いですね。ただし、随筆的、スケッチ的な性格のものがいいな。「葡萄棚」なんてすばらしいものだった。「花火」もそうでしょう。

——ここにたまたま現代日本の代表的短篇をあつめたアンソロジーがあって、吉行淳之介の「鞄の中身」が目につきましたが。

丸谷 この「鞄の中身」、うまかったな。吉行淳之介の短篇小説、いいものはいいですね。うまい。

——西洋の短篇小説はどうでしょう。愛読されたのは、やはりポーですか。

丸谷　ポーはとにかくうまいですね。それからジョイスの短篇小説、やはりすばらしいと思いますよ。イギリスの現代の短篇小説は、アイリス・マードックの「何か特別なもの」、エドナ・オブライエンの「恋づくし」、ジョージ・ムーアの「懐郷」など、僕が大変好きだったものです。
　マードックは長篇小説しか書かない人みたいで、短篇小説はこれ一つしかないんじゃないかな。しかしすばらしい出来だから、読んでごらんなさい。

――さっきうかがったことですが、アメリカでは「ニューヨーカー」のような雑誌があって、アメリカ人はみんな大忙しだけれど、でもそういう雑誌で短篇小説を読みたいと思っているということですね。もちろんそこには、だからいい短篇小説が載る、というような需要と供給の一致があるのだと思います。そのことを考えると、現代の日本でももう少し充実した短篇小説が書かれてもいいのではないか、おそらく需要はあると思うんですが。

丸谷　現在の文芸ジャーナリズムにはいろんな問題があるんでしょうが、一つには短篇小説の批評をまともにできる批評家ってそんなに大勢いないでしょう。かつての平野謙みたいな、ちゃんとした分析力がある批評家でなければ、できないわけです。短篇小説というのは、知的なもので、趣向をこらしたものだし、構成の始まり、中、終りすべてがよくなければだめだ、というところがあるでしょう。そういうものに対し、小説の実技に暗い批評家、読み巧者でない人たちが何か鈍いことをいってるでしょう、それじゃあだめなんですよ。
　だから美に対する感覚が決定的にものをいうんです。日本の文芸評論家というのは、美に対する感覚がなければないほど偉くなれるようなところがある（笑）。短篇小説を論じるには向いていないわけだ。

――丸谷さんは長篇小説作家というふうにわれわれは最初に思うわけですが、その丸谷さんが短篇小説を書こうと思われるときは、どういう動機が働くのでしょうか。

丸谷　いちばん身も蓋（ふた）もないいい方をすれば、いい短篇小説を読んだときですね。たとえばこの前、マードックの「何か特別なもの」を読み返してみて、改めてその手法に感心して、おれも書かなきゃいけないな、と思った（笑）。

――お書きください、ぜひ（笑）。

（二〇〇七年一月二十二日、東京・神楽坂）

【長篇小説】どこからきてどこへゆくのか

グレート・ノヴルとは?

——この『文学のレッスン』は、さまざまな事情で短篇小説から始まりました。短篇と長篇の順序が逆になったともいえますが、しかしだからといって特に不都合が生じるということはないと思います。さて、短篇を論じていただいた前回、長篇小説と短篇小説の違いに話が及んだとき、丸谷さんはグレート・アメリカン・ノヴルについて言及されました。アメリカには本格的な長篇、つまりグレート・アメリカン・ノヴルがない。批評家がいいだしたこの認識が、長いことアメリカ文学界の痼疾(こしつ)みたいになっているという話でした。

今回は長篇小説についておうかがいするわけですが、あのグレート・アメリカン・ノヴルの話題に戻るようなかたちで、そこを入り口にしていきたいと思います。

丸谷 アメリカの文芸評論家のあいだでいわれつづけてきたのは、われわれの文学にはイギリスの場合と違って、偉大な長篇小説がないということでした。イギリスの文学は、グレート・ブリティッシュ・ノヴルというのか、『パミラ』以来の、あるいは『モル・フランダース』以来の長篇小説の伝統がある。アメリカにはそれがない。グレートを「偉大な」と訳さなくとも、「すばらしい」ぐらいでもいいんだろうけれど、とにかくそれがないのが非常に残念だ、さびしいということが昔からさんざんいわれていたんですよ。

よく考えてみると、この説はちょっとおかしいかもしれない。たとえば『ハックルベリー・フィンの冒険』とか『モービィ・ディック（白鯨）』なんか非常にグレートではないか。これに対し、『ハックルベリー・フィン』は少年小説だろう、『白鯨』は海洋小説で寓意的なものだから違うんだというふうにいちいちケチをつけて外していく。結局、イギリス型の写実的な社会小説のようなものがないというところへ話をもっていって、それを慨嘆する。まあ慨嘆すればいちおう恰好がつくから（笑）、それがしきりにやられたんですね。評論というのは楽観的な議論より悲観的な論調のほうが立派に見える傾向がある（笑）。リーヴィスというイギリスの大学の先生で、えらく戦闘的な批評家がいましてね。戦中から戦後にかけて猛威をふるった。この人に『偉大な伝統』という本があって、ジェイン・オースティン、ジョージ・エリオット、ヘンリー・ジェイムズ、コンラッドとつづく系譜を大がかりに礼讃した。アメリカ人の論調にはこの本の影響もあるでしょうね。そういう形勢を受けて、フィリップ・ロスがひとひねりひねって『グレート・アメリカン・ノヴル』という題の野球小説を書いた。まじめな批評家たちをからかう趣向ですね。ずいぶんタチが悪い。

これを集英社の世界文学全集に入れるとき、僕は『素晴らしいアメリカ野球』という題に変えたんです。『素晴らしいアメリカ小説』なんて題ではその含みが通じないだろう。グレート・アメリカン・ノヴルを滑稽小説である野球小説で書いたところがからかいなんだから、『素晴らしいアメリカ野球』でいいんだよといったら、それが通って、監修者の中野好夫先生もいいだろうといって、ご自分が翻訳された。

そんなふうに、長篇小説の伝統がないというのがアメリカでは大問題なわけですね。じゃあ日本ではどうなんだろう。近代日本文学で夏目漱石をのぞけば長篇小説で成功した作家はどれほどいるかと考えてみると、長篇小説の伝統というのはないにひとしい。それが昭和十年代までの形勢で、日本文学も長篇小説をやらなければならないということをみんながひしひしと感じ、ともかくもやろうとしたのが河出書房の書きおろし長篇小説叢書。島木健作『生活の探求』など、長くて、大問題を扱って、いろいろ頑張った。

これは直接的には十九世紀のロシア小説の影響が大きいでしょうね。貝澤哉さんの論文で知ったんだけど、十九世紀ロシアでは雑誌の大変動が二回あったんですって。一回目は三〇年代から四〇年代にかけての総合雑誌ばやり。二回目は七〇年代から八〇年代にかけて、識字層が急に殖えて大衆的媒体が勢いを持ち、総合雑誌がしぼんだ。ドストエフスキーは総合雑誌ばやりに乗じて出て来て、それが消えると同時にいなくなった。そういう、政治論的＝人生論的な内容をたっぷり持つ総合雑誌の読者向きの長篇小説を理想としたんですね。

その河出の書きおろし長篇小説叢書を横で見ていた文学青年あるいは作家志望者たちが、十年後に戦争に負けて兵隊から帰ってきたり、あるいは場所を得たりして長篇小説を書こうとした。その代表的存在が大岡昇平、野間宏、三島由紀夫だった。

日本の長篇小説はずっと点検してみると、漱石のほかは非常に貧しいものですね。やはり短篇小説が中心だったんです。大正文学というのはつまり短篇小説だったでしょう。そのことでもわかる。永井荷風はせいぜい中篇小説だし、代表作はどれもエンディングがうまくいってないでしょう。サイデンステッカーさんと、そのことを話したことがあったんですが、そのときサイデンステッカーさんは、「有島武郎（たけお）の『或（あ）る女』がいいですよ、あれはいいもんですよ」といった。僕がちょっと首を傾（かし）げたら、「船から降りてからはダメです、船にのっているうちはいいです」といった（笑）。

――漱石が一生懸命つくろうとした長篇小説を見て、自分も長篇をやろうとした人たちが明治末から大正にかけて結構いたとは思うんですが、やはり自然主義的私小説の強い潮流に脇（わき）に寄せられたという事情が大きいような気もしますが。

丸谷　そうですね。漱石本人が私小説と自然主義に何かたじろぐ気配がないでもなかったでしょう。『道草』などを書いたりして。

とにかく日本は長篇小説の実りがないという点では、アメリカの伝統のなさとは一桁（けた）か二桁違うくらい。

十八世紀イギリスから

――確かにそうですね。しかし江戸時代にまでさかのぼれば、やたらに長いのが結構ありますね。

丸谷　いや、あれは水増しにつぐ水増しみたいな面があるでしょう、少し乱暴にいえば（笑）。長篇小説というのは、原理的にいっても水増ししようと思うといくらでもできる。スリー・デッカー・ノヴルといって、三巻本の長篇小説という言葉がイギリス文学にはあるんです。『吾輩は猫である』は最初三巻本で出た、上中下とあって。あれはイギリスのスリー・デッカー・ノヴルの影響を受けているんです。漱石はイギリス文学の真似（まね）をしたかったんじゃないかな。つまり、外国から来た作家志望の中年男が影響されてしまうくらいに、スリー・デッカー・ノヴルという出版形態がイギリスでは盛んだった。

読者に三回買わせなければならない。そのために上巻の終りと中巻の終りに大変なはったりをかける、さてどうなりますかというぐあいに。イギリスの長篇小説はあの出版形態のせいで非文学的になったという説があるのです。そういうのはおかしいと思ったのがスティーヴンソンなんです。彼はそこできりりと締ったものを書くわけですね。だから文学的に成功している。たとえば『ジキル博士とハイド氏』など、延ばそうとすればいくらでも延ばせそうな気がするでしょう。でも、やはり延ばしたらだめなんですよ。『宝島』なんか三冊本の長篇小説にしなかったからよかった。

——ディケンズなどにも、やはり三巻本の長さという意識があったのでしょうか。

丸谷　ディケンズもそうだし、それ以後もそうなんです。世紀末にそれに対抗して決然とやったのがスティーヴンソンだと、僕は何かで読んだ記憶がある。だからグレート・ブリティッシュ・ノヴルの伝統は、必ずしも立派なだけじゃないんだ。ほんとうは非常に困った伝統もあったわけです。しかし小説というのは、駄作はやはり読まれなくなる。そこで駄作を排除した、ある程度以上の小説の流れで小説の伝統を考えるから、そうなるとイギリスの偉大な長篇小説の伝統ということになるんでしょうね。

——近代の長篇小説がイギリスから始まったというのは、それを求める読者が十八世紀のイギリスにはいた、ということでもあるわけですね。十八世紀のイギリスには、都市に住む中産階級が早くも安定してあった。

丸谷　識字率の高い中流階級が長篇小説を買う余裕があり、また読むのが好きだったということでしょう。近代小説の成立についてはいろんな方向からの議論があるわけですが、結局近代市民社会の成立を軸にして考えるのがいいんでしょうね。

十八世紀のイギリスの長篇小説が世に広まって、フランスに渡って、そこでディドロその他思想家たちの知的な動向と結びついてまた発展した。十八世紀のイギリスとフランスの知的エネルギーが合体した総合として、十九世紀ヨーロッパの長篇小説が隆盛を迎えたわけでしょう。それがロシアという辺境に及んだときに、十九世紀ロシアの大小説という大変な騒ぎになった。そこで長篇小説が全世界に広がって、文学の支配的形式ということになったのですね。

ベネディクト・アンダーソンが『想像の共同体』のなかで、近代の国民国家の成立は、十八世紀にヨーロッパで開花した小説と新聞が大きく寄与している、といってますね。近代小説が近代国家をつくった。この考え方は小説史にとって参考になるものだと思うんです。近代国家というのは共同体ではあるけれど、市町村とか、宮廷とか、劇場のなかみたいな、目に見える共同体ではない。心のなかに浮ぶ、想像力によって成り立つ共同体でしょう。そういうものを作りあげるには何か媒体が必要だった。その媒体が新聞と小説だったんですね。

あのアンダーソンの説は受けました。短篇小説で近代国家が生れたといわれたならば、あれほどみんなが納得しなかったでしょう。長篇小説はなかにいろんなものを入れることができる。メッセージがたくさん入れられる。そこが短篇とは違っている。長篇小説は内容がいかにも充足していて、腹にこたえる。読者がそれを読むことで無意識のうちに働かせている想像力の総体は、国民国家という一種の想像の共同体の前提となり得るという感じはしますね。

また、長篇小説は社会の全階層を全部ごちゃまぜにして書かないと、そういう目配りでやらないとうまくいかないという性格があります。その点でも、長篇小説が国家成立に役立つといえそうな気がしますね。

――十九世紀イタリアのマンゾーニの『いいなづけ』は、イタリアの統一でまさにそういう役割を果たした、といえそうですね。

丸谷　マンゾーニの『いいなづけ』というのはいい例ですね。僕はあれはなかなかいい長篇小説と思っているんですが、褒める人があまりいなくてつまらない（笑）。竹内好（よしみ）の国民文学論というのは、『いいなづけ』を長篇小説の理想とするような、そういう考え方じゃないのかなあ。でもあのころの日本では、国民文学と言われるとすぐ吉川英治『宮本武蔵』を連想したりして、どうもうまくいかなかったね、あの国民文学論（笑）。

それで十八世紀のイギリスとフランス、十九世紀全ヨーロッパ型の長篇小説をそっくり現代日本人がまねるというのは無理だろうという気がするんです。風土、社会構造、文学的伝統が違いすぎる。アメリカ文学の場合よりも、ずっと大きく違う。

しかし近代ヨーロッパ小説以前に、日本人がもっている長篇小説の伝統が奇跡的にあるわけです。すなわち『源氏物語』。また『源氏物語』を中心とする書き方。それを生かしてやりながら一方でヨーロッパ小説に学ぶというかたちでいけば、新しいものができるかもしれない。グレート・ジャパニーズ・ノヴルというのもなにか恥かしい感じだけれども（笑）、将来はそういうものを実現できるかもしれないという気がしないでもないですね。そのへんを考えると、最近の西洋の近・現代小説の新訳ばやりと、「源氏」ばやりが合体するわけです。『源氏物語』も読む、村上春樹訳のフィッツジェラルドも読む、チャンドラーも読むという読者がだんだん成熟してくる。そうしたときにどういうことが起こるか、ということですね。

作中人物の魅力論

――丸谷さんが批評家として長篇小説を評価するとき、あるいはもっと具体的に文学賞などの選考をするときといってもいいかと思うのですが、その基準というものをおもちのような気がするんです。もちろん基準があるとしても杓子定規にはいかないものでしょうが、そのへんをお話しいただくと長篇小説とは何かを考えるときの参考になると思うんです。

丸谷　文学賞の選考というのは重大なことであるにもかかわらず、漠然たる読後感をいいあって、そのうち何となく話が決まるというような、そういう感じがあるんですね。それをなるべく避けたい。そこで僕は基準とまではいわなくても、手がかりになるのはどういうことだろうと考えてみたことが確かにありました。それを話しましょう。

僕の体験を総合してみると、三つあるんです。①作中人物、②文章、③筋（ストーリー）の三つですね。この三つから考えていけば、いちおう何とか論じることにはなりそうだ。前の二つだけではだめだし、後の二つだけでもだめ、そんな気がしたんですよ。芥川賞は短篇賞だから除外して、谷崎賞とか読売文学賞とかの、長篇小説を論ずる場合には、実際にやってみるとわりによかったんですよ。

作中人物というのは英語でキャラクターですね。キャラクターにはもちろん性格という意味がある。人格という意味もあって、大学生だった夏目漱石はシェイクスピアの作中人物、えーとガートルードだったかのキャラクターを論ぜよというレポートの題を外国人教師から出されて、道徳的批判を書いてひどい点をもらった。それは論外ですが、とにかく昔は作中人物といえば性格だったんです。だからフィールディングのトム・ジョーンズは闊達な快男児である。ジェイン・オースティンは作中人物の性格を『高慢と偏見』なんてぐあいに長篇小説の題にする。

でも、彼はこういう性格、彼女はこういう性格と限定して書いてゆくと長篇小説が単純になる。それで、十九世紀の半ば以後、中心人物たちはもっと複雑になって、脇役は単純な性格になりました。E・M・フォースターが扁平人物（フラット・キャラクター）と呼んだのがこの脇役ですね。酔っぱらいのマルメラードフなんか。主役の、たとえばラスコーリニコフなんかは円球人物（ラウンド・キャラクター）。立体的に描かれる。ただしここで話が厄介になる。一般にそうですが、殊（こと）に中心人物となると、性格が如実（にょじつ）に書いてあるだけ、生けるがごとくに迫るだけではつまらないんですね。物足りない。

たとえばトルストイの『アンナ・カレーニナ』という小説。そんなにいい小説なんだろうかと昔から疑問があるんですよ。池澤夏樹さんが、何だか通俗小説っぽい感じがすると書いてるのを読んだ。あれを読んだとき、非常に同感した、というより僕の援軍がついに現われたか、という気がした（笑）。それに触発されて、作中人物はうまく書けているか、文章はいいか、筋はどうかということで『アンナ・カレーニナ』を考えてみましょう。文章については原文が読めないから、それはしようがないとして。

作中人物は、確かに生けるがごとく書いてあるとは思うんです。その点はみなすばらしい。でもねえ、にもかかわらず、この人物は好きだ、魅力があるという人が一人も出てこない。別に嫌いというわけじゃない。でも、積極的に魅力がある、友だちにしたいとか、そこまで思わなくてもおもしろいやつだなとか、そういう感じがないんだね。いかにも生けるがごとく書いてあるから、存在感はある。写実性が高いから納得はできる。しかし、どうもつきあいたいという気持にならないんです、変ないい方かもしれませんが。魅力がない。それがトルストイの小説じゃないかなと思ったんですよ。

『戦争と平和』も、『アンナ・カレーニナ』ほどじゃないにしても、どうもそういうところがあるんですよ。ただ、ナポレオン、あれは一種の登場人物なんでしょうが、やっぱり魅力がありますね。『アンナ・カレーニナ』だけに話を限るとすると、存在感はあるけれど魅力はないといえそうな気がするんです。

　それに対してドストエフスキーの作中人物を見ると、こんなに変な人間がいるのか、生きて歩きまわっているはずないじゃないかと思わざるを得ない。めちゃくちゃな登場人物ばかりで困る。閉口するし、迷惑だ（笑）。迷惑なんだけれどもおもしろい。魅力とまではいわないにしても、一種の迫力があるという感じで、大きく分ければ魅力があるといってもいいんじゃないかな。

――僕なんかもなんとなく感じていたのだけれどそこまではっきりとは意識していなかったという意味で、大事なところを指摘されたように思います。自分の好みだけでいえば、トルストイの小説は二度三度と読む気がしないんですが、ドストエフスキーはそうじゃないんです。両方とも長いからその点は同じだとしたら、やはり人物の魅力というのが底のほうにあるような気がします。

丸谷　ドストエフスキーは哲学性、観念性が高いから、二度読まなければならない、あるいは二度読む気になる、といままでは説明してきたんですね。でも、違うんじゃないか。必ずしもそうではないんじゃないか。

――作中人物の魅力論というのは、いままであまりいわれなかったことですね。しかしふつうの読者が小説を二回三回と読むのは、やはり人物に魅力がなければなかなかやりませんよ。

丸谷　夏目漱石の小説をなぜみんながあんなに好きかというと、やはり苦沙弥先生とか三四郎にひかれるからでしょう。

――代助と三千代、宗助と御米にしたって、とても気になる存在ですね。

丸谷　長篇小説のそういう特質はもっといわれたほうがいいと思います。森鷗外が漱石にくらべて人気がないのは、鷗外は学識がうんと高くて普通の読者には読めないからというようなことがいわれるけれど、そうではなくて、鷗外の登場人物には魅力のある人があまりいないということがありはしないか。最後に史伝を三つ書きましたが、あのときになってはじめて魅力のある人物が出てくる。

とにかく、作中人物の魅力ということについて、これはまだ言われていないことですから、この発言に刺激されてみんなに考えていただきたい。そういう考え方は反対だとか、自分も作中人物にひかれて読んでいるとか、『アンナ・カレーニナ』はあんなに魅力ある人物がいるじゃないかとか（笑）、もっといろいろ議論してもらいたいんです。

――作中人物を正面から取りあげて論じていくというのは、とりも直さず専門家でない読者が小説を楽しむときのいちばん基礎にあることではないかと思います。

丸谷　そうなんですよ。いわば小説鑑賞の基礎でしょう。そのくせあまり言われない。登場人物をいろいろな面から論じていくといい。いろんな階層の、多様な人物が出会って葛藤が生じたときに小説がほんとうにおもしろくなるという問題もあるし。日本の少なくとも戦前の長篇小説では、出会う人間の階層が限られていた。安下宿に住んでいる文学青年とその延長にある人びとの視野にあるだけの世界だから、どんなに想像力を働かせても、多様な人物が衝突するというふうにはならなかった。

——うかがっていて思いだすのは、バフチンのドストエフスキー論のなかにある、ポリフォニー論です。あれは人物を中心に小説を考えないと成り立たない議論ですね。ポリフォニックな小説というのは、逆にいうと対立する人物によって支えられている、ということでしょうか。

丸谷　そうですね。話を根本的に掘り下げていうと、バフチンのポリフォニー論になるでしょうね。対立というのがバフチンの原理ですが、それでいえばソヴィエト政府がバフチンの文学論をあれだけ嫌ったのがよくわかりますね。ソヴィエト政府としては対立されちゃ困るもの。社会主義社会では葛藤は生じないなんて言われて、無葛藤理論なんて説まで出ましたね。

語り口と小説の方法

——さて、次の基準として②の文章についてですが。

丸谷　文章についていては、たんに文章の上手、下手というだけじゃないんです。もちろん上手であるのは非常に大事な要素ではあるんですが、それとは別に文章の芸がなきゃならない。これもいってみれば当り前のことなんですが。

よく普通の読者から、「純文学と大衆文学はどう違うのか」なんて質問を受けることがあるでしょう。うーんといって、にわかに返答できなくて困ってしまう（笑）。でも答えざるを得ません。

第一に、芸術的野心があるかどうか。第二に文体的個性があるかどうか。この二つを基準にして考えて、あれば純文学、なければ大衆文学というふうに分ければ、わりと分けやすいかもしれない。これは本当の意味での文学論ではなく、素朴な質問に対する逃れ方から案じた工夫、ぐらいのところなんですが。

ジョイスとかナボコフの小説は、文体に個性があるから魅力があるんだと僕は思っています。日本では、戦前ですと谷崎潤一郎と志賀直哉の二人がいて、日本文学を両断しているという形勢だったでしょう。二人ともたんに文章が上手なだけじゃなく、個性があった。それで芸風みたいなものがそこから生れ、魅力が出てくる、ということがあるんですね。荷風だって文章がうまいからあれだけ読まれるんですよ。和語と漢語のまぜ方が上手だもの。

——となると、文章の個性は、その文体を生かした語り口の問題とつながってくるといえそうですね。

丸谷　文体というのは語り口だといえばそれまでなんだけれども、文体をたんに文章美学の問題ではなく、小説の方法と結びつけて考えると語り口ということになるでしょう。昭和十年代の日本の作家たちにとっては、志賀直哉の語り口からいかにすれば脱出できるかが大問題だったわけです。だから高見順とか石川淳とか太宰治などは少し前の時代の宇野浩二などを参考にして、志賀直哉的でない語り口を発見しようとしたし、それをいちおう発見したから書けたわけでしょう。

そういう試みがあって、戦後の日本の小説は可能になったと思うんです。

　しかし、日本の近代小説の語り口は、（いまでもその気味があるけれど）西洋の小説にくらべると単純、素朴だった。一人の語り手がずっと持続して語りつづける。それでないと承知しないところがありますね、一般的傾向として。構造的というか、構築的な語り口を嫌いました。

　長篇小説はそういう単純なもの、素朴なものではないと自覚してやったのが、ジョイスの『ユリシーズ』の方法でした。『ユリシーズ』の第十二挿話「キュクロプス」、これは『オデュッセイア』のサイクロプスという一つ目の巨人の話とパラレルになっているものです。キアナンの酒場へミスタ・ブルームが行く。するとダブリンの男たちがシティズン（市民）という名物男を囲んで一杯やっている。この章は、「おれ」という、姓名不詳の貸し金取立て屋が語り手です。まあ非常に軽蔑（けいべつ）されている職業である取立て屋の口から語られるんだけれど、その合間合間にパロディのパラグラフが三十三入っている。このパラグラフは誰がつくったもので、誰がここに入れているのか、まったくわからない。わからないんだけれど、なんとなくおもしろいのは事実で、だからそれでいいらしい。

　複数的な語り手で思いだすのがドストエフスキーの『悪霊（あくりょう）』ですね。まず普通の語り手がいる。これがロシアの田舎町の知識階級の噂話（うわさばなし）を書いている。そのなかに時折別の人物が出てきて、そのG氏なる人物が集めた噂話によるとこうなるとかいうことが突然入ってくる。何かよくわからないけれど、情報源が二つある、あるいは語り手が二人いるような感じになってくるわけです。

　ジョイス学者たちは、さっきの「キュクロプス」の章について、作曲家（コンポーザー）と編曲家（アレンジャー）みたいなことをいうんです。ジョイスが語っているのではなく、ジョイスが想定している作曲家がいて、その横に編曲家がいて、この二人を操っているのがジョイスなんだというふうにいうんですね。この作曲家と編曲家という考え方はおもしろい。貸し金取立て業の男と、横にいて（横ではないのかもしれないけれどとにかくどこかにいて）パロディを勝手に入れる男と、この二人がそれに当るのかと思ったりするんですけれども、とにかく作曲家と編曲家がいるという考え方は、長篇小説の書き方としておもしろいんですよ。そのせいで世界が混沌（こんとん）としてくる。現実性というか奥行があるようになる。さっきのバフチンのいうポリフォニックなものが出てくるんです。

　そこでまた『源氏物語』を思いだすんです。作中人物である光源氏が作中人物である姫君にちょっと何か謎（なぞ）をかけるようなことをいうと、「とおっしゃった。いつもまめでいらっしゃること」みたいなせりふが入る。「とおっしゃった」までは本来の地の文で、光源氏の行動を描写している。その後の、「いつもまめでいらっしゃること」というのは、これは『源氏物語』を朗読している女房が横合いからちゃちゃを入れるわけですね。専門家はこのちゃちゃを入れる部分を草紙地といっています。これは長篇ではあるべきものかもしれないなとも思うんです。昔の婦人雑誌の連載小説なんかで、最後のところで「浪子の運命はどうなるのでしょう」なんていってその月の分が終る。あれも草紙地の部類でしょうね。

――『源氏物語』はある女房が語っているという語り口のわけですね。その語りに対して別の女房がちゃちゃを入れて冷やかしている。その女房はむろんイコール紫式部ではないわけですね。紫式部はその背後にいるということで、語り手が二元化されているのですね。

丸谷　僕はそうだと思う。つまり作者である紫式部は朗読者の台詞（せりふ）まで書いている。作者紫式部と朗読者紫式部と二人いる。そこのところで、近代日本小説は西洋の長篇小説をずいぶんと素朴にしか受けとらなかったんじゃないかと反省するんですね。河上徹太郎さんが『自然と純粋』だったかのなかで、『悪霊』のG氏の存在がおもしろい、これがあるのでこの長篇小説は成立するみたいなことをいっていて、僕は大変刺激を受けたんですよ。河上さんには、作品の具体的な方法に対して関心をもつ面があったのかもしれないね。それを小林秀雄が、あの人は観念的な人だから、そういう末端の問題はくだらないというようなことをいって、抑制したんじゃないか。これは証拠があって言うんじゃない。見当をつけて言うだけですよ。でもまあ、そのへんがまずかったんじゃないかな。

――河上徹太郎は音楽に関心が深かったから、形式ということには敏感だったでしょうね。

丸谷　僕は昔からなんだかおかしいなと思っていた。あの二人は日本の批評をつくったという面があるから、事は重大なんです。

筋について考える

――長篇小説を考える基準の三番目は、筋です。

丸谷　これは戯曲論なんですが、戯曲の悲劇的シチュエイションというのは分類してみると三十六しかないというのがありました。誤解とか姦通（かんつう）とか復讐（ふくしゅう）とかですね。つまり相撲の四十八手みたいなものを思えばいいんでしょうが、それぐらいの数に還元されてしまうんですって。これはイタリアのゴッツィが言いだしたことで、エッカーマンの『ゲーテとの対話』に書いてある。

それを組み合わせていけば千変万化できるからいくらでもできるともいえる。事実、なんとかいうフランスの批評家は、悲劇的シチュエイションは三十六万あるという説を出した（笑）。この悲劇的シチュエイションのことは玉泉八州男（やすお）さんを介して喜志哲雄さんに教えていただいたことです。あ、山崎正和さんにも相談した。そして、三十六万あるかどうかはわからないけれど、三十六じゃないことはたしかでしょうね。

たとえばドストエフスキー『カラマーゾフの兄弟』で、イワンの考えた思想を浅薄に学び取って、庶子であるスメルジャコフは父であるフョードルを殺し、長兄のドミートリーは自分が犯したのじゃない殺人のかどでシベリア送りになる。この、他人の説による殺人という手を推理小説に当てはめたのがエラリー・クイーンの『Yの悲劇』ですね。大人の書いた犯罪小説の筋にのっとって子供が殺人を実行する。そしてこれを応用というか、これに刺戟（しげき）されて子供たちの殺人を書いたのが三島由紀夫の『午後の曳航（えいこう）』ですね。新手が続々と出る。しかし、それでも新味のない筋がたくさんありますね。どうしてそうなるのか。工夫が足りないということもあるけれども、語り口の芸を考えないで素朴にやるから単純になってしまうという面がある。たとえば時間の順序を変える。大過去から過去、過去から現在にくるという順序ではなく、現代から過去、あるいは一挙に大過去に移ってというふうにするだけで、話がずいぶん違ってくる。順列組み合わせでいろいろできるんです。たとえば姦通にしたって、どの立場から語るかでずいぶん違う。クンデラの小説なんか、初期の『冗談』にしたってだいぶ後の『存在の耐えられない軽さ』にしたって、みな語り口のおもしろさが大きいですからね。在来の書き方で律義(りちぎ)に書いたら、別にどうってことはない筋になるでしょう。ありふれた話になってしまう。あれはやはりディドロの『運命論者ジャックとその主人』の影響なんでしょうね。ディドロのもっている反小説的な批評性が十八世紀から二十世紀へもって来られるとああいう風変りなことになる。

——谷崎潤一郎の小説のテーマを考えると、そんなに多くはなくて、母恋とか、女に振り回される男とか、まあ五つぐらいにまとめられるかもしれない。しかし、語り口が千差万別ですごいと思うんです。小説がぜんぶ違うように見える。たしかに語り口によってストーリーがまったく新しいものになるという、いい例のような気がします。

丸谷 そうですね。語り口が単純というものの一番いい例が志賀直哉。谷崎と志賀のあの二人は、小説家の代表になれる。

近代日本文学はおおむね筋のことを考えなかった。小説は自分が実際にやったことを告白するものだと思いこんでいたから、告白の真実ということが唯一(ゆいいつ)の関心事で、筋なんかどこかへ行っちゃったんですね。二の次三の次ということになった。そこで私小説作家は、自分のやったことを書きつくすと先祖のやったことを書くことにしたんですね。そういう未成熟、想像力と語り口の芸のなさを改めて確認したところから、戦後の日本の長篇小説が始まったという局面がありま す。最近の日本の小説は、素朴な告白だと見せかけようとしている人たちも、ずいぶん語り口と筋の問題に苦労しているという感じがします。時代はかなりいい方向に向かっているんじゃないかと僕は思っています。どうですか。

——この二十年ぐらいで、ストーリー＝筋への考え方が相当に変化したように思います。ようやくという感じもしますが、とてもいいことだと思います。

日本の小説が筋を軽視してきたことについて、こういう考え方が成り立つかどうかちょっとうかがいたいのです。筋は、Aという論理とBという論理。違う二つ（あるいは複数）の論理が対立するところから生れるということがあるとすれば、日本人はなるべく対立しないように丸めてしまう。人間関係がそもそも対立を望まない。そこで筋が考えにくくなるのではないか、という仮説ですが。

丸谷　そういう面はあるでしょうね。ただ、僕は『源氏物語』で考えるのだけれど、『源氏』はそういう対立を許さない社会に対して、一人の天才が対立する線はあるんだと思ったときに、天皇制に対する一つの疑惑の出しかたをしたわけです。そのときにあの筋が成立したわけで、そういう対立するものへの想像力がなければ、皇子がお后（きさき）と姦通して生れた皇子が帝位について、その父親が准太上天皇（じゅんだいじょうてんのう）になるなんて、あんな筋は成立しないでしょうね。このへんがちょっと難しいんですが、『源氏』亜流の物語がたくさんあった。しかし『源氏物語』のようなおもしろい筋を考えることができた作家はほかにいなかったわけです。となると、例外的な天才だけが筋を考えることができて、日本文学全体としては筋を作る才能はないということになるのかしら。困るね（笑）。

——仮説は引っこめることにして（笑）、少なくとも明治の後期からは、ヨーロッパの自然主義の日本的な受容から出てきた自然主義的私小説の蔓延(まんえん)が大きいのでしょうね。

丸谷　吉行（淳之介）がいっていたんだけれど、あれは結局楽なんだって。「毎月書くためにはあれがいいんだよ。ほんとうは本格小説のほうがいいにきまってるんだ。丸谷のいってることはほんとうなんだよ。でもなあ」というようないいかたで（笑）。

――吉行さんでふと思いだしたんですが、吉行さんはスターンの『トリストラム・シャンディ』のことを書いていました。『トリストラム・シャンディ』は、ヨーロッパの小説のなかでどういうふうにとらえたらいいんでしょうか。

丸谷　反小説といわれてるでしょう。小説という形式は、対立というか、他者をつねに要求する。だから抒情(じょじょう)的な形式ではないんです。抒情的形式は一人称的ともいえるでしょうが、長篇小説は三人称的であって、別のものをいつも求める。そういう性格を小説じたいに対して及ぼしたときに、小説に対立するかたち、つまり反小説、アンチ・ロマンというのが出てくるわけです。それで小説の元祖の国でいちはやく『トリストラム・シャンディ』が出てしまう。

日本の近代小説が夏目漱石から始まったとすれば、近代小説は反小説から始まったともいえるんですね。『吾輩は猫である』というのはそうでしょう。この反小説で成功して、朝日新聞に迎えられた漱石が、今度は本格的な小説を書こうとして『虞美人草(ぐびじんそう)』を書いて、うまくいかなかった。それが近代日本の長篇小説の発端なんですね。

だからひょっとすると日本人というのは反小説的国民なのかなという気になったときに、いやいやと引きとめるのが『源氏物語』なんです（笑）。あれを思いだすと話は違ってくる。

長篇小説と都市小説

丸谷　ここで少し話を変えましょう。昔、中村真一郎さんが『現代文学入門』という二十世紀小説論をテーマにした本を書いたことがあって、そこでは時間とか感覚とか夢とかの項目が立ててあって、それについて論じていた。白井健三郎さんがその本を書評したとき、みなおもしろい項目だが、「時間」があるのに「空間」がない。これはこの本の性格を示して象徴的であるというようなことをいっていた。僕はそれを読んでどうもよくわからなかったんだ。空間がないのがそんなにいけないのか、と思ったりしたんです。

それから十年ぐらいたってから、ロレンス・ダレルの『アレクサンドリア四重奏』と呼ばれる大河小説、例の『ジュスティーヌ』から『クレア』にいたる四部作が出たとき、おやっと気づくことがあった。長篇小説における都市の問題ですね。『アレクサンドリア四重奏』のおかげで都市小説というのが全世界的にはやったんですが、僕はこの四部作に非常に刺激を受け、反省したんですね。ジョイスの『ユリシーズ』は、都市小説の典型だった。空間を大事なものと考えた典型だった、おれは何を考えていたのかと反省しました。

デーブリーンというドイツの作家の、『ベルリン・アレクサンダー広場』（一九二九年刊）というのが、長篇小説と都市という話題には必ず出てきますね。オーストリアのヨーゼフ・ロートの『ラデツキー行進曲』（一九三二年刊）、これはハプスブルク帝国の軍隊の話だからウィーン。ジョイスの『ユリシーズ』はもちろんダブリン。という調子で考えると、ヴァージニア・ウルフの『ダロウェイ夫人』（一九二五年刊）もロンドンを扱った都市小説と見ることができる。『ダロウェイ夫人』はかなり『ユリシーズ』を意識しているからいえるんですが。

日本の場合もかなりあるんじゃないかな。漱石の『三四郎』は東京の小説でしょうね。荷風は何をとってもいいけれども、『つゆのあとさき』が東京の地理を一番意識しているような気がする。それから宇野千代の『色ざんげ』。僕は東京を扱った小説で一番いいのは吉田健一『東京の昔』だと思うんですが、逆にいうとこれが一番いいと思うのは、東京を扱った都市小説がどうも物足りないということを示しているのかもしれません。いろんな階層の人間が出会って葛藤（かっとう）があっておもしろい、というのが少ない。

『東京の昔』は吉田健一を思わせる文学青年と、横浜へ出かけてアメリカやイギリスの自転車を買ってきて、東京で新品なみに直すという業者とが酒を飲む。あそこのところが僕はとても好きで、階級も職業もまるで違う二人が出会うのがおもしろい。それこそ両者とも作中人物として魅力があっていいんだけれども、残念なことに、ただ会って酒を飲むだけなんだ（笑）。

――そういえば丸谷さんの『たった一人の反乱』も『女ざかり』もまさに東京を描いた都市小説ですね。

丸谷　ええ、東京を描く都市小説ということはずいぶん意識しています。でも、階級的に見て中流上層しか扱ってないし、それに地域的には下町を除外していますね。あれじゃあ東京を書いたとは言えないいんじゃないか。

まあ、長篇小説の条件が都市小説である、とまではいえなくても、都市を扱うことが多い。長篇小説と都市は非常に密接な関係があるのではないか。

都市の市民が作中人物として扱われることが多いわけですね。魅力のある作中人物が集まってきやすいし、劇場とかオペラハウスはみんな都市にあるから、出会いの場所にもこと欠きません。都市の伝統が、作中人物に光と陰翳を添えるともいえます。

ダレルの場合でいうと、あの四部作はそういう条件を非常にうまく使っていますね。多層多種のさまざまな人間が出会う。そういう場所としてアレクサンドリアがあった。その由緒のなかには政治史や経済史だけじゃなくて、カヴァフィスの書いた詩まで扱われていた。そんなふうに考えると、どうも長篇小説というのは都市のものだと思われてくるんです。

――お話と関連するかと思うんですが、バルザックの『人間喜劇』、あれは全部で八十九篇だったかあるんですが、パリを舞台にしたものがやはり力がこもっているし、おもしろいとも思うんです。バルザック自身は『人間喜劇』で同時代の全フランスを描こうと思っていたわけですが、パリの読者を相手にパリのことを書いた大長篇が圧倒的だという気がします。

丸谷　パリについての情報を全フランスに発信するという感じですね。それから、作中人物たちも地方からパリに上ってくるのが多いんじゃないかな。

――そうなんです。地方からパリに出てきて、パリに生きる人物たち。バルザックを見ると、都市というものが長篇小説が成立することと密接に関係があるのがわかるように思います。

丸谷　それで小説と都市ということを考えていたら、思いついたのが『源氏物語』は都市小説だったんじゃないかということです。びっくりした。

夕顔を場末のような感じがするむさくるしい家から連れ出して、なにがしの院なるところへ行って、心おきなく仲睦(なかむつ)まじくしようとしますね。あのなにがしの院は、誰も住まなくなった、荒れ果てた住居で、都のはずれだから不吉な感じもする。それを非常にうまく使ってあっておもしろいと思いました。

都市小説だと考えると、都市のいろんな局面を扱っているんです。貴族の住む都と、庶民の住む都がちゃんと描き分けられています。つまり山の手と下町。都市の郊外ということになれば、宇治十帖(うじじゆうじよう)の舞台がまさにそうですね。浮舟というのは、要するに都市におびき寄せられた田舎者の話です。そういう局面まで書いてあって、まさしく都市小説なんです。

――明石流謫(るたく)の話がありますが、あれも京の都と鄙(ひな)である明石の対照がじつにダイナミックでした。

丸谷 ええ。都と地方との対比。これは作者が父親の任地へ数年行ったことがあるせいもあって、物語全体の大きな主題になってますね。

――はい。玉鬘(たまかずら)関係の九州の話なんか、まさしくそうですね。

先行作品の利用

丸谷 さっきの筋の話に、ここでもう一度戻りたいと思うんです。筋の型は限られたものだとすると、新しい発明が難しくなりますね。物語作者は、自分より前に存在した物語によって制約されてしまうともいえます。にもかかわらず新味を出さなければならないのが小説家だとすると、いっそ逆手に出て、前にあった小説を徹底的に真似するという作戦があり得るわけです。あり得るどころか、現代小説の一種のはやりでしょう。

典型的なのはジーン・リースの『サルガッソーの広い海』（一九六六年刊）。これはシャーロット・ブロンテの『ジェーン・エア』（一八四七年刊）の前日譚というか外伝なんです。西インド諸島出身の女の子がイギリスの貴族と結婚する話でした。

『ジェーン・エア』では劣勢に立っていた女性を主人公にして、イギリスの貴族社会を見る。フェミニズム小説とポストコロニアリズム小説の両方を兼ねたんですね。実をいうと作者のジーン・リースは西インド諸島のドミニカ生れなんです。彼女がシャーロット・ブロンテをフェミニズムの立場から批判した。

この書き方はなかなか便利で、読者の予備知識を前提にしているんですね。たとえば歌舞伎の『仮名手本忠臣蔵』、あれが書かれたときは世の中が事件を知っていることを前提にしているから、詳しく説明する必要はない。それで『仮名手本忠臣蔵』がうんとはやって、その後、忠臣蔵物がたくさん出た。その後で真山青果が『元禄忠臣蔵』を書くのですが、日本人はみんな知っているからというので、大筋のところは全部説明をはぶいていいわけです。討入りもなくていい。それと同じようなことが、ジーン・リースの場合にもある。なにしろ『ジェーン・エア』はイギリス文学の古典ですから。

この前短篇小説について話したときにもいったけれども、これは本来は短篇小説の方法だったんですね。先行作品にヤドカリみたいに入っていって利用する。アナトール・フランスの「ユダヤの太守」については、前回の短篇小説の章でくわしく話しました。A・S・バイアットが、この方法を「ハイジャック」といっていたことも。

先行作品を利用して自分の作品を輝かすというのが短篇小説の方法、あるいは芝居の方法だったわけですね。短篇小説は何しろ短いから、こういう仕掛けを使わなければいけない。芝居はくどくど説明できないからお客のすでに持っている知識を利用しなくちゃならない。それを長篇小説の方法として現代では使いだしたんです。ジョイスの『ユリシーズ』がホメロスの『オデュッセイア』を利用したあの態度を延長すれば、ジーン・リースのやり方になるわけです。ナボコフの『ロリータ』の主人公は、ポーの詩「アナベル・リー」にいかれて、少女愛に陥った中年男だから、あれもそうですね。

——そして大江健三郎さんの『臈（らふ）たしアナベル・リイ　総毛立ちつ身まかりつ』（のちに『美しいアナベル・リイ』と改題）に至る。

丸谷　そうね、大江健三郎は私小説の作家にしてかつモダニズムの作家だからね。

もう少し考えてみると、小説というものはもともと先行する小説をものすごく意識するものかもしれないのです。そういう芸術形態なのかもしれない。というのは、小説の一番最初のところにある『ドン・キホーテ』を考えてみてください。あれは騎士道物語に熱中したあまり、自分も騎士の一人で、だから修行に出なきゃならないと思いこんだ男が主人公でしょう。騎士道物語という中世以来の先行作品がある。だからこの手は世界の小説史にずっと痕跡を残しているのです。モダニズム小説の最初であるところのフローベールの『ボヴァリー夫人』は、社交界小説を読みすぎた田舎の医者の奥さんが、その影響で姦通をするわけです。

それからこれはわりに新しいのだけれど、オンダーチェの『イギリス人の患者』。イタリアの尼僧院だった屋敷で、イギリス人の負傷兵、カナダ人の看護婦、泥棒、インド人の爆弾処理専門の工兵だったかな、作中人物がみんな小説を読むのが大好きな人間で、病院で小説を読んだり読んでもらったりする。これはもうどこかで読んだ筋だぞといわれる前に、作者のほうから読者に先制攻撃をかけるわけですね。そのせいで、今度は逆に作中人物たちの昔読んだ小説が小説の味を深くする。

これは、人間のなかにはたんなる生活者という局面のほかに、小説の読者という局面があるんだという、小説家の側からの開き直りですね。考えてみればおかしいので、人間には小説の読者という局面があれば、芝居の観客とか、音楽の聴衆とかいろんな局面があるといえるわけなんだけれど、それを小説の読者というところに故意に絞ってやったところに、小説家たちのずるさがあるのかな。不思議な感じがしますね。小説の読者には自分たちの肖像を見たいというナルシシズムがあるのかもしれない。

ハイジャックの方法

——お話をうかがっていて、古代人たちが神話的物語を耳で聞いてきた、その光景を想起しました。人びとは文字の発明以前から神話的な物語を聞きつづけてきて、集団的記憶になっているのでしょうが、そういう人のありかたと小説の読者はどこかでつながっているんじゃないかとも思われますが。

丸谷 そうでしょうね。別のいいかたをすると、小説の読者という局面があるという意識は、小説家たちによる人間の分析が精密になった結果だと思うんですよ。その点、昔は粗雑だった。

ここで思うのは、戦前の日本の小説のなかには、ことに大正時代の小説では、作中人物が本を読んでいる場面がほとんどなかったということです。志賀直哉の『暗夜行路』に出てくる本は、時任謙作(ときとうけんさく)の父親のお妾(めかけ)さんが、謙作が眠れなくて困るというと貸してくれる講談本かなにか。それと禅の本の二種類だったような気がする。これは大正文士の美学というものがあって、本の話なんかするのはだめだということだったんですね。生活が大事。その人間の生活のなかに本は入っちゃいけなかったんです。そういう偏見は、ひょっとすると西洋にも少しはあったかもしれない。そこを逆手にとって、本を読む人間を小説のなかに入れる手を発見して、そういう局面を積極的に描くことになって、話がだいぶ変ってきたのかもしれません。

——先行作品のハイジャックということに話を戻しますと、現代文学では丸谷さんご自身の作品がすぐ頭に浮びます。種田山頭火の俳句というよりその人そのものをハイジャックした「横しぐれ」は短篇だからこの例からはずすとして、なんといっても『輝く日の宮』。これは二重のハイジャックとでもいったらいいのでしょうか。まず『源氏物語』の失なわれた一帖をめぐる話がいちばん基層にあります。女主人公安佐子の手になる「輝く日の宮」一帖の再現が最後の章にくる。最初の0章が、同じく安佐子が中学生のときに書いた泉鏡花ばりの「小説」がそのまま出てくるから、まことに巧妙をきわめた構成。その上に各章の文体つまり語り口がぜんぶ違っている。この点ではジョイス『ユリシーズ』のハイジャックというべきでしょうか。二重底三重底になっている長篇小説でほんとうに驚きました。そういう仕掛けのなかで杉安佐子という女主人公がそれこそじつに魅力的なんですね。

　勝手に解説してしまいましたけれど（笑）、章ごとに文体を変えながら全体に一貫した統一感があるという離れ業は、作家にとっても大変なことなんでしょうね。

丸谷　まず『源氏物語』のハイジャックですけれど、これは何も何かをハイジャックしたいためにあんなふうに書いたんじゃなくて、必然性があったんです。以前から人間と時間との関係を書きたいなあと思っていて。ところがあるとき、人間と時間ということを人間と歴史ということを含めて書くとおもしろいなと考えたんですね。そこへ『源氏物語』千年紀が加わってきた。それであんな筋を思いついたんですよ。それにナボコフの『賜物』という長篇小説、これはロシア文学史全体を主題として扱っている。ジョイス『ユリシーズ』の第十四挿話「太陽神の牛」はイギリス文体史のパロディで書いている。この二つと張合って日本文学史全体を扱おうという気持はありましたね。

――なるほど。『源氏』がもともと時間を主題にしている長篇だから、ぐあいがいいわけですね。

丸谷　おっしゃる通りです。泉鏡花のほうは、それほど必然性がありませんね、時間という点では。ほんとは徳田秋声と為永春水の時間に興味があったけれど……。

――秋声、ちょっと出て来ますね。

丸谷　ええ。出て来るでしょう。でも、秋声じゃ人気ないし、なんて思って鏡花にしてしまった。秋声のパスティーシュ、むずかしいしね（笑）。

――鏡花も大変でしょうが、秋声はもっと大変でしょうね。

丸谷　ええ。鏡花みたいに派手じゃないからね。地味な文章のパスティーシュはてこずりますよ。一章ごとに趣向を変えるのはわりに楽でした。戯曲体というのも、厄介だろうなと心配していたんですが、中身をいろいろ考えてあったせいで、何とか持ちこたえることができました。

――ハイジャックというのも乗っ取るのは命がけみたいなところがありますね。

丸谷　ハイジャックについてもう少しつけ加えておくと、一篇一篇を具体的にハイジャックするんじゃなくて、形式をハイジャックするというやり方がありますね。グレアム・グリーンが『拳銃売ります』とか『密使』とかを書いた。これはスパイ小説の型を取り入れたわけです。ゴールディングの『蠅の王』、これは少年小説の型を取り入れたわけです。アンドレ・マルローの『王道』は、冒険小説を盗んだんでしょうね。おまけとしていうと、吉野源三郎『君たちはどう生きるか』は、佐藤紅緑型の少年小説のハイジャックですね。そしてイデオロギーをまったく変えたわけ。グレアム・グリーンの同時代なんだけれど、グリーンの方法は知らなかったでしょう。でも吉野源三郎はひとりで探り当てたんですね、ハイジャックという方法を。偉いですよ。

長篇小説は終らない

――小説という表現形式、読者にとっては享受する形式となりますが、これからどうなっていくのでしょうか。なにか大上段に構えすぎるような質問になりますが、メディアの複雑化ということを考えますと、そのあたりのことをうかがいたくなるのですが。

丸谷　戦争に負けて間もない五〇年代、六〇年代頃、小説の終焉ということがしきりにいわれたんですね。あれはほんとうは、長篇小説の終焉ということの、訳語を間違えたんだと思うんだ。十八世紀、十九世紀で全盛をきわめて、同時代のあらゆる問題をトータルに表現できる文学形式と考えられてきた。そういう表現のためのものとして長篇小説がいちばんふさわしいと考えられてきたのが、二十世紀前半のところでどうもそれは終ったんじゃないか、あるいは十九世紀が終ったときにこの文学形式は破産したのじゃないか、という疑問が出てきた。そういう不安があって、それで長篇小説の終焉がいわれたわけでしょう。日本の小説論は長篇と短篇をみな一緒にして小説というので、長篇小説の終焉という課題が小説の終焉といわれてしまったわけですけれど。

僕はあの小説の終焉という騒ぎはもっと問題にされていいことだと思っているのですが、その後あまり問題にされていません。しかし社会史的文化史的にいうと、大きなことなんです。長篇小説の終焉がさかんにいわれたのは、ちょうど日本映画の全盛期だったんですよ。映画という表現形態が、あらゆる問題を効果的に取りあげて社会の隅々にまで伝えることができるという、そういう気分が背景にあったんだと思います。それがぱたりといわれなくなったのは、映画じたいがテレビに侵略されてしまった。しかしそのテレビもあまり大したものではなく、ぐんぐん堕落していくだけだった。それでいて、映画は落ち目になったままだった。そういう状況が出てきて、長篇小説の終焉がいわれなくなったんですね。

　しかし、十八世紀のイギリスで始まり、すぐにフランスに渡り、英仏両文学の協力によって成熟して、十九世紀にはヨーロッパ中を席巻（せっけん）した。その勢いがロシアに行ってさらに増大した。そういう長篇小説という形式は、十八、九世紀のようにはもう支配的な商品にならないし、支配的な表現形態にもならない。そういうことが、五〇年代、六〇年代にいわれたんですね。しかしたしかに十八、九世紀のような勢いはないかもしれないけれども、この予言はあまり当らなかったようです。ところが、最近は長篇小説の終りがいわれなくなった。なぜいわれなくなったかを少し考えてみたんです。

　第一に、なんといってもラテン・アメリカ小説の勃興（ぼっこう）があった。あれにはすばらしいエネルギーがあった。あれを見たら、またどこかでひと騒ぎあるかもしれないという気がしてくるほど。たとえば中国あたりで、いまラテン・アメリカ小説の影響がいろいろ出ているでしょう。

　第二に、映画とテレビが期待したほどではなかった。大衆社会と商業主義に毒されてしまって、うまくいかなくなったんですね。皮肉なことに、長篇小説は十九世紀ほどもてはやされなくなったせいで、文学性を保持しているようなところがないでもない。

第三に、長篇小説は小説性以外のいろんなもの、たとえば批評とか伝記とか歴史とか詩とか哲学とか、他ジャンルと思われるいろんなものをいくらでも自由にぶちこめる、そういう特性があることがわかってきた。これは、この五十年から六十年ほどのあいだに、プルーストとジョイスがじっくり読まれた結果だろうと思うんです。どちらも総合性が強い書き方でしょう。その影響を受けて、ガルシア＝マルケスもナボコフもボルヘスも新しい型の小説を書いた。ボルヘスは短篇小説ですけれど。六十年前は、ジョイスもプルーストもいまにくらべれば大した存在と思われていなかった。ずっと位置が低かった。いまは話が違ってきたんですよ。

――二十世紀前半の二つの大小説が精密に読まれることによって長篇小説の可能性が拡大されたというのは、とても頼もしい議論ですね。気分が明るくなります。

丸谷　もう一つ加えることがあって、これは冗談みたいな話でしかしほんとうなんだけれども、小説の終焉という命題を出してみたけれども実際はあまり人気を呼ばなかった。批評家というのは、人気を呼ぶトピック、話題を出すのが仕事だという面があるでしょう。やはり商業ですから。だから、これは当るんじゃないかと考えて出してみて、当らなかったら引っこめるんですね。職業的習性。それで引っこめる。最初はそれに乗って、うん、たしかに小説は終ったようだと考えていた読者も、終らなかったら終らないでいいじゃないか、長篇小説を読めばやっぱりおもしろいし、というような面があるんじゃないかという気がするんですよ。なんだか間抜け落ちみたいな話なんだけれども。

それで、読者は相変らず小説を読もうとしているし、もしいい現代小説がなければ、昔の小説を読めばいいというような態度でいる。だから長篇小説は、十八世紀、十九世紀あるいはそれ以後の小説も含めて、一種残存形態のようにしてまだわれわれのなかで生きている。ちょうどモーツァルトやベートーヴェンの交響曲を新しい指揮者で聴くようなものですね。これから長篇小説がどうなるかはわからないとしても、その表現形式は大きなエネルギーを秘めている。そのエネルギーのもとであるところの十八世紀、十九世紀、二十世紀の小説を読み返せばよい。読む時間が足りないくらいに長篇小説はたくさんあるわけです。そういうことに気づいたところに、最近の日本の新訳ばやりという現象があるんじゃないかと思っているんですよ。

（二〇〇八年二月八日、東京・日本橋）

#【伝記・自伝】伝記はなぜイギリスで繁栄したか

伝記と長篇小説

――伝記・自伝とは何か。文学の一ジャンルとして考えたとき、どのような特徴があるのか。それをさまざまな角度からうかがっていきたいと思います。

一九一八年に刊行されたリットン・ストレイチーの最初の伝記集『ヴィクトリア朝偉人伝』（原題 *Eminent Victorians*）の新訳が今年二月に出ました。ストレイチーはその序文で、イギリスの伝記は分厚いばかりで程度が低いといい、自分は文学のなかで最も繊細かつ人間的な分野である伝記文学をつくりたいと表明しているんです。あれっと思いました。伝記といえばイギリスというぐらい伝統のある国で、二十世紀初頭では文学的でないと見えていたのか、と意外な感じをもったんです。

丸谷　リットン・ストレイチーのせいでイギリスの伝記は大きく変容した、立派なものになったということはもちろんあるけれども、それ以前から素晴らしい作品もあったんですね。ただストレイチー以前の伝記は、むやみに褒めるというお葬式とか法事みたいな態度が幅をきかせていて、悪口をいわないというのが金科玉条だったらしい。

　ヴァージニア・ウルフにいわせると、十九世紀末からイギリスの伝記は面白くなった。なぜかというと、未亡人があまり口を出さなくなったから（笑）。そういう世間的な風潮を利用して、ストレイチーがすぐれた伝記を書きだしたという面もあるでしょうね。とにかく、ストレイチーのおかげで質がよくなったことと短くなったこと、この二つが特色だといわれています。

――日本でいうと饅頭本というのか、顕彰碑的なやたらに長い伝記に、ストレイチーがいら立ち、新しい伝記文学をめざしたんでしょうね。

丸谷　イギリスの伝記がいいという一つの証拠になるのは、プルーストの伝記。イギリス人のG・D・ペインターが書いた『マルセル・プルースト』が圧倒的によくて、フランス人の書いたものはかなわないのだそうです。これは清水徹さんもいっているし、岩崎力さんも訳者後記でいっています。

　フランス人には書けない本だと岩崎さんは評価していました。理詰めな書き方ではない。肌触りが違っていて独特のユーモアがある。節と節、つまりパラグラフとパラグラフのつながりに論理性は欠けているのだけれど、そのくせ一章ごとにイメージがくっきりと立つ。語り口がうまいからだと絶賛している。

　ここで挙げられた要素はみんなイギリスの長篇小説の味に近いものですね。フランス人がイギリスを「ペイ・ド・ロマン（長篇小説の国）」といったように、長篇小説はイギリスで生れたわけですが、イギリスの伝記は、だから長篇小説の書き方を身につけたうえで書かれたといえるでしょう。

——なるほど、イギリスの長篇小説の伝統とイギリスの伝記の成り立ちが結びついているということですか。

丸谷　フランス人とイギリス人をくらべてみると、フランス人は法則が好きなのに対し、イギリス人は不文律 unwritten law で行きたがる。イギリスは憲法すらなしでうまくやってのけるとよくいわれるでしょう。フランスのそういう国民性だと、これはあくまでも一般論で例外はもちろんあると断った上の話ですが、長篇小説が四角四面になりがちだったり、伝記もふわっとした味がなくなったり、という傾向があるのかもしれません。

こういうふうにいうと、イギリスでは小説が先にあってそれから伝記が出てきたというような話の仕方になったけれども、そうでもないらしい。デイヴィッド・ロッジという小説家にいわせると、小説の初めである十八世紀のイギリス小説の題が、『ロビンソン・クルーソー』とか『トム・ジョーンズ』とか『クラリッサ』とか、主人公もしくは女主人公の名前になっているのは、初期のイギリス長篇小説が伝記とか自伝のまねをして、あるいはそれを装って書いた、そのあらわれだというのね。

——伝記のほうが先、となると話がちょうど逆になるわけですね。

丸谷　そうそう。要するに伝記的関心と長篇小説的関心の両方がイギリス人にはあって、その両方がまじりあうかたちで出てきたんでしょう。イギリスの長篇小説と伝記は相互的な浸透によって出来たのだろうと思います。

伝記の起源と変遷(へんせん)

丸谷 イギリスの文学青年がたどる道を見ると、オックスフォードとかケンブリッジとかを出る、あるいはパブリック・スクールを出て大学には行かないでということもあるけれど、フリート・ストリート——新聞街の新聞社に勤める。それで「タイムズ」の書評担当記者とか、「サンデー・タイムズ」のブック・セクションとか「オブザーバー」の文芸部書評担当とか「ニュー・ステイツマン」の書評担当をやって、書評欄を編集し、もちろん自分でも書く。自分の属する新聞だけでなく、他のメディアでも書かせてもらう。お互いに書かせあうわけね。そんなことをしながら自分の第一作を準備するわけです。その第一作は、イギリスの場合、書き下ろしの長篇小説を書くか、書き下ろしの伝記を書くかなんですね。

ジョン・レイモンドという批評家が死んだとき、その思い出をある文学仲間が書いているんですが、ジョン・レイモンドは書評を書くことが人生の目的だった、長篇小説とか伝記を書こうと

——ストレイチーは、E・M・フォースターとかヴァージニア・ウルフがいる文学グループ、ブルームズベリーの一人ですね。それが伝記を書いた。いったいに書き手の側からいうと、伝記作家はノンフィクション志望で、小説家志望ときっぱり分かれているものなのでしょうか。

いう野心のない男だった、と力説していた。だから、そういうことは非常に例外的なんでしょう。
——文学志望者が伝記を書くことからスタートするというのは、日本ではちょっと考えられません。

丸谷　たとえばイーヴリン・ウォーが最初に出した本は伝記ですよ。そういうふうに伝記で打って出るというのがかなり多いんです。それは、伝記というものの社会的地位が高いからでしょう。みんながよく伝記を読む。だからいい伝記を書くと名声が確立するということがあるわけですね。
　もう一つ、伝記ほどではないけれど、旅行記というもの、これがまた人気がある。先だって翻訳が出たレドモンド・オハンロンの『コンゴ・ジャーニー』など、イギリスでの歓迎のされ方からしても典型的な例なんじゃないかな。

——オハンロンの先輩に旅行記で人気があったブルース・チャトウィンがいます。二人は友人でもあったのですが、『コンゴ・ジャーニー』のなかでチャトウィンの思い出が語られていて、とてもいい文章でした。そのチャトウィンには『パタゴニア』などの旅行記のほかに、『ソングライン』のような小説に最接近している作品があるし、『ウィダの総督』『ウッツ男爵（だんしゃく）』のように取材したものを小説仕立てにした作品もあります。そのへんを見ると、旅行記もまた長篇小説と相互に浸透しあっているようなところがありますね。
　とにかく、これまでお話しいただいたようなことが、現在のイギリス文学における伝記の見取図みたいなものですね。非常によくわかりました。それで次の話題として、伝記のそもそもの始まりはどこにあるのか、伝記というジャンルの起源と変遷にふれていただきたいのですが。

丸谷　伝記というのはいちばん最初のかたちは頌徳表や墓碑銘、つまりいかに立派な人だったかを讃えるものですが、その手のものに始まる文学形式でしょう。日本でいえば弔辞みたいなものですね。そこでは高僧とか帝王の事蹟が讃えられる。紀元前一三〇〇年頃のエジプトの墓とか寺院にあるもの、紀元前七二〇年のアッシリアの王宮の壁に楔形文字で書かれたもの、そのへんがいちばん古いのではないかといわれてます。伝記というより伝記の前形態ですね。

　ローマ時代になると、もっと本格的な伝記が書かれます。スエトニウスの『ローマ皇帝伝』、さらに有名なプルタルコスの『英雄伝』。どちらも複数の人間を扱っている。この複数の人物を書くというのが大事なところです。

　伝記は、扱う人物そのものはむろん大事ですが、その時代をどう説明するかがまた大きなテーマとしてあるわけですね。その人のことだけ書くのだと、背景にある時代を説明するのがうまくいかない。ところが人物を複数的に扱うと、人とその時代を両方うまく処理できる。スエトニウスの『皇帝伝』からさっき話に出たストレイチー『ヴィクトリア朝偉人伝』に至るまで、時代と人物の両方がとてもうまく出てきてぐあいがいいんです。

――『ヴィクトリア朝偉人伝』でとりあげられている四人（ナイチンゲール、アーノルド博士、ゴードン将軍、マニング枢機卿）は活動分野も違っているし、それぞれにきわめて個性的な人たちですが、四人を通してみるとヴィクトリア朝のうさんくささ、偽善的ともいえるような社会がよくわかるような気がしました。

丸谷　何だか立派なような、感じが悪いような、もったいぶった社会がうまく表現されてますね。

人間の個性と、その人間が生きた社会の両方を研究するのが伝記の主眼だとすると、それはそのままイギリスの長篇小説の狙（ねら）いだといえるでしょう。イギリス小説は、単に個人を描くのではなく、社会のなかにいる個人を研究するのが特徴です。むろんそれは短篇小説よりもむしろ長篇小説に向いている。フィールディングとかディケンズを読むとそういう感じがはっきりします。ここでもまた、伝記と長篇小説の接近が認められるんですね。

ついでにいっておくと、鶴見俊輔（つるみしゅんすけ）さんの書評集を読んでいたら、モズレーという外国人の書いた昭和天皇の伝記（『天皇ヒロヒト』）の書評があった。この本は、人間の欠点とか弱点とかを扱うことによって人間の偉大を宣揚する、そういう欧米型の伝記の特色がじつによく出ていて、これは日本の文化にはないものだという気がした、と鶴見さんは書いていた。僕はとても感心しました。一冊の本を論じながら外国の文明と日本の文明両方の性格を一気に論じる。これは大批評家の態度だな、と思ったことがありました。

そのような伝記の書き方はまた、たいへん小説的だともいえるんじゃないか。ラスコーリニコフという若者がいかに弱点があるか、マダム・ボヴァリーという女がいかに愚かしい失敗をしたかを書くことによって、ラスコーリニコフやマダム・ボヴァリーがどんなに魅力があるかをはっきりと出す。つまりマイナスの方向からの人間の研究というのが長篇小説の大事なところですね。それをフィクションではなく、実在の人間を書くことでしたたかに味わわせてくれるのが伝記というもので、英米型の伝記の傑作はそこがすばらしいわけですね。『天皇ヒロヒト』が傑作みたいになってしまったけれど（笑）。

――伝記の成立というか、歴史的なことに話を戻していただいて、先ほどは人物とともに時代を描くのにふさわしいローマの「列伝」についてうかがいました。

丸谷 王侯貴族でない平民の伝記としては、まずは、ギリシアのプラトンの「対話篇」があげられます。これは前四世紀頃。でももう一つ『新約聖書』があって、これは一世紀から二世紀。これにはびっくりしたけれど、四つの福音書は確かにイエスの伝記でもある。また、『使徒行伝』はペトロとパウロの伝記という面が強い。四福音書は四つの見方があるということで、いかにも生身の人間を語っているという感じがしますね。ただし、プラトンの「対話篇」と『新約聖書』は伝記としてバランスがとれていないといわれてもいるんです。バランスがとれていないというのは、まあ褒めすぎだということでしょうね。僕は『使徒行伝』などは確かに褒めすぎだという気がするけれど、しかしあれは何しろ宗教書、高僧伝だからなあ（笑）。

批評的バランスがとれたのは、紀元二世紀のプルタルコスからだというんです。それから時代が飛んで、ヴァザーリの『ルネサンス画人伝』がある。ローマからイタリア・ルネッサンスに来るわけだけれど、結局近代において伝記が繁栄したのはイギリスなんですね。

そこでなぜイギリスで伝記が繁栄したかということですが、それについて僕の勝手な推論があります。山崎正和さんのいわゆる「社交する人間」というものを近代イギリスは生み出して、それを大事にしたということがあるんじゃないのかな。社交的人間のなかの優秀な人を一種のヒーローとして尊敬するという風潮があったと思うんですよ。

その社交的人間とはどういう人かというと、第一に分別がある。常識といってもいいかもしれません。とにかく分別をよくもっていることが大事。しかしそれだけでは退屈だ。そこで奇妙な人、いわゆる奇人であることが求められる。分別をもっていて、しかも奇人である。そういう人とつきあえばとてもおもしろいわけですが、そういう人がイギリスの近代では大事にされたんです。

奇人伝の主人公になれるのは逸話をたくさんもっている人ですね。そういう人が社会全体から尊敬された。十七世紀にジョン・オーブリーという人が『ブリーフ・ライヴズ（短い伝記集）』という本を書いた。たとえばシェイクスピアの逸話なんかもいっぱいあって非常に貴重な本です。中野好夫先生のお書きになった文章のなかに、E・H・ノーマンが酒を飲むとこのオーブリーの本のなかにある話を紹介して笑うのが好きだったというくだりがあるんです。

さる貴族が娼婦と戯れて冗談をいったりなんかして、いよいよということになったとき、その娼婦が「だめよ、きょうはだめよ」という。「どうしてなんだ」ときいたら、「だって私はさっきあなたのお父さんと寝たばかりなんだから」といった。

――それをノーマンが喜んだわけですか。

丸谷 うん。ただし、この話には続きがある。円卓に大勢の人がいる席で、その貴族と父親が隣り合わせに腰かけていて、その貴族がさっきこういうことがあったとしゃべったんです。そした

れている。ペインターの『マルセル・プルースト』の話で、パラグラフとパラグラフの間が論理的ではないけれど、人物のイメージがくっきりと立ちあがってくるという評がありましたが、あの話がもっと大仕掛けになったようなものですね。神業みたいな感じがするくらい、すばらしい出来なんです。

時代は少し後になりますが、ゲーテの場合は、エッカーマンの『ゲーテとの対話』という本がある。これはもちろん交遊録。それからゲーテ自身が書いた『詩と真実』という本がある。これは自叙伝ですね。この『ゲーテとの対話』と『詩と真実』を一挙に合成したようなのが『サミュエル・ジョンソン伝』だと思うんですよ。

それで出来あがったものは、イギリス奇人伝の一つでもあるし、逸話集、ゴシップ集でもあるし、ジョンソン博士の言行録でもある。それもジョンソンがこう語ったという話だけじゃなく、こういうゴシップをボズウェルがジョンソンにしたら、ジョンソンが大喜びしてこんな感想をもらしたというような話までがくわしく書いてある。

さっき話した『クラリッサ』はリチャードソンの長篇小説なわけだけれど、リチャードソンは非常に自慢話が好きな男なんですって。ボズウェルが立会った場所で、誰かがリチャードソンに、自分はこの間フランスに行ってフランス王の弟に謁見(えっけん)を賜ったが、彼の机の上にはあなたの『クラリッサ』がのっていました、と話した。リチャードソンは何人かに囲まれていて、その話を聞いているにもかかわらず聞いていないふりをしていた。というのは、ちょうどそのとき他の人が何か別の話をしていて、みんながそっちに聞き入っていたから。で、他の人の話が終ったとき、リチャードソンが、フランス王の弟云々（うんぬん）の話をした男に、「さっきあなたは何かおっしゃったけれど、あれはどういうことですか」ときいた。するとその男が怒って、「私がさっきしかけたのはじつにくだらない話で、もういっぺんするほどの話ではありません」と答えた。

　ボズウェルがこの話をしたら、ジョンソン博士は手を打って喜んだというエピソードがあるんですよ。僕はなるほどなあと思ってね。小説家は役者と違って目の前で喝采（かっさい）されることがないから、読んでおもしろかったとか感心したとか評判がいいとかいう話を聞くのが好きなんだね。だからリチャードソンに非常に同情した（笑）。

――ボズウェルはジョンソンに会う機会をずっと狙っていて、人に紹介されてようやく会うことができた。つまり意識的につきあいはじめて、親しくなるとほとんど毎日のようにという印象があるくらいジョンソンと会って、しかもその日その日の話を克明にノートしてなければあんな伝記は書けないということを考えると、ちょっと異常ですね。

丸谷　あれは一種のストーカーですよ。あんなふうにつきまとわれて平気でいたというのは、ジョンソンという男はそうとうにしたたかだと思う。

　ボズウェルの人柄については変な話があって、ボズウェルの遺族は『ジョンソン伝』によって収入があったし名声もあがったけれど、あの本をとても嫌がったというんです。なぜかというと、ボズウェルはジョンソンの引き立て役をするために、自分はまるでバカみたいにふるまって話を展開している。それを読者は真に受けて、ボズウェルという男はバカみたいなことばかりいってると思って笑う。それが耳に入ってくるので遺族は嫌がったというんですよ。

それで思うのは、シャーロック・ホームズとワトソンの関係。ワトソンが「それに私は気づきませんでした」なんていうと、われわれは腹が立ってきて、「このバカ」なんて思う。それと同じように十八世紀のロンドンの市民は、「このボズウェルのバカ、そんなことも気づかないなんて」とか思ったんでしょうね。

——それにしてもボズウェルへの評価はさんざんという面がありますね。十九世紀になっても、「最も低劣な人格」とほとんど罵(ののし)られながら、しかし『ジョンソン伝』はそういう男の手になる奇蹟(きせき)的な傑作などといわれているわけでしょう。二十世紀になってようやく見直されるようになりますが。

丸谷　ことに第二次大戦後、ボズウェルの株がぐんと上りましたね。いろいろ遺稿が出てきたせいで。

ボズウェルはぼけ役で、ジョンソンのつっこみに対して徹底してぼけを演じた。対話文学では、ぼけ役は必ずそういう目にあうわけですが、それを平気でやるところが大変な才能ですね。ひょっとするとコナン・ドイルは『サミュエル・ジョンソン伝』のせいでワトソンという例の人物を思いついたのかもしれませんね。

ストレイチーの影響

——とにかく十八世紀にボズウェルの『サミュエル・ジョンソン伝』というエポックを画するよ

うな傑作が成立した。その後には、やはり二十世紀前半のリットン・ストレイチーの作品ということになるのでしょうか。

丸谷　ボズウェルの伝記が出て、前からあった頌徳表的、墓碑銘的伝記がいよいよはやるようになった。それらは内容的にいうと故人を褒めたたえてばかりいるし、量的にはむやみに長いし、非常に困ったものだったらしいんです。

さっきいったヴァージニア・ウルフの発言にもあるように、十九世紀の末頃になると人心が多少変ってきた。ヴィクトリア朝の終り近くなると新しい風潮が出てきた。そのせいで二十世紀初めにストレイチーの新しい伝記が書かれた。最初が『ヴィクトリア朝偉人伝』ですね。

——風潮が変ってきたというのは、未亡人とか遺族があまり口を出さなくなったという意味でしょうか。

丸谷　それもあるし、人間はそんなに偉い一方のものじゃないという考え方が、しだいに普及したせいもあるでしょうね。さらにあまり長い本を読まされるのは閉口だ、という風潮もあったでしょう（笑）。

このストレイチーの伝記作品が非常に大きな影響力をもったんですね。英米ではもちろんのことですが、フランスのアンドレ・モーロア、オーストリアのシュテファン・ツヴァイク、みな影響されました。まず量的には比較的短くなっているし、質的にも褒めっぱなしでなくなってきて、むしろ欠点を探求することによって何かをいおう、個性と真実の両方を伝えようというふうになった。

ツヴァイクでもモーロアでも、ストレイチーほどの名人ではないにしても読んでおもしろい。ただちょっと小説的すぎるかなあという感じがする。そういう感じはあるけれど、おもしろいことはおもしろいし、立派なものです。ツヴァイクの『ジョゼフ・フーシェ』なんかすごい話術ですね。

――悪を描いて、フーシェの人格がだんだん巨大になっていくあたり、やはり唸(うな)ってしまいます。

丸谷　イギリスでのストレイチーの影響のなかでおもしろいのは、ヴァージニア・ウルフの仕事ですね。まず一つは『オーランドー』、これは伝記小説といったほうがいいでしょうね。エリザベス朝から現代まで、女が男になったり男が女になったりしながら生れ変り、生きつづけるという小説。つまり変形譚的伝記。それから『フラッシュ』、これは『ある犬の伝記』というタイトルだったかな、出淵(いずぶち)敬子さんが訳した。エリザベス・バレット・ブラウニングという女の詩人が飼っていた犬の伝記を書くことによって、彼女の伝記を書く。犬はスパニエルで、スパニエルがどういうふうに生れたかという犬種の歴史から始まるんですが、これは人間の伝記に引き移して考えるとどうなるかなどと考えると、ちょっとおもしろい。ただし、犬というのはライフ・サイクルが短いでしょう。十年ほどで終ってしまうんで、あっけないといえばあっけない。

――ストレイチーは例のブルームズベリー・グループの一員だから、ウルフと親しかったわけですね。

丸谷　親友といっていいくらいの間柄でしょう。小説家のＥ・Ｍ・フォースターとか経済学者のケインズとかそうそうたる連中の集りですね。

さて、頌徳表的、墓碑銘的な伝記から脱却して近代の伝記文学ができた、その一がボズウェル、二がストレイチーときて、三が探偵的方法ということになるんですよ。そういうふうに伝記文学の流れをとらえてみたい。

Ａ・Ｊ・Ａ・シモンズという男がいます。伝記作家で古書愛好家で、文学的雑職業にたずさわっていました。『コルヴォーを探して』（一九三四年刊）という作品があります。フレデリック・ロルフという世紀末の文学者がいて、自らコルヴォー男爵(だんしゃく)と名のっていた。シモンズが古本屋のおやじに「あなたはフレデリック・ロルフの『ハドリアヌス七世』をお読みになったことがありますか」ときかれ、「名前を聞いたこともない」と答えると、古本屋のおやじがしたり顔でその本を取りだしてくる。家に帰って読んでみると、これはすばらしい名作だと思った。

『ハドリアヌス七世』は、ある男が、聖職に就こうとしてうまく行かなくて逼塞(ひっそく)しているうちに、カトリック教会のいろんな政治関係のせいで教皇になってしまい、それからまた事情あって没落するという小説。シモンズは一読して名作だと思い、作者のコルヴォー男爵ことフレデリック・ロルフというまったく未知の人物が一体どういう人物なのかあれこれ詮索(せんさく)しはじめる。まず古本屋のおやじが、自分がこれまで調べた情報を提供してくれたりして、少しずつロルフのことがわかってくる。その探索と考証の過程がそのまま語られて、ロルフの伝記になっているんですね。すなわち探偵的方法による伝記です。結果だけ報告するわけじゃない。

ロルフという人はイギリス人でカトリック信者。イタリアに移り住んで、イタリアに旅行でやってきて少年愛を行なおうとするイギリスの金持の男たちに男の子を紹介する、女衒(ぜげん)みたいなことをやって食っていた。そのかたわら文学もやっていて、少しは本になるんだけれど、あまりうまくいかない。そういう男なんです。シモンズはその男のことを調べるためほうぼうにものすごい量の手紙を書いたりして、さんざん苦労して少しずつわかっていくのですが、そのディテールを順序だてて書いていったんですね。

森鷗外の史伝三作はまさにこのA・J・A・シモンズの方法で書かれていて、じつは鷗外のほうが時間的には早いんです。これを発見したのは篠田一士(しのだはじめ)なんですが、文学的伝記探偵の方法は世界で最初に鷗外が始め、A・J・A・シモンズはその存在を知らないままに同じ手法を用いたということでしょうね。シモンズの本およびその主題である人物については、河村錠一郎さんの『コルヴォー男爵――フレデリック・ロルフの生涯』という好著があります。興味津々(しんしん)の書ですよ。いわゆる英文学研究とはまるで違う。

鷗外の探偵的方法

――鷗外晩年の作品である『渋江抽斎(しぶえちゅうさい)』『伊沢蘭軒』『北条霞亭(ほうじょうかてい)』は史伝といういかめしい名で呼ばれているわけですが、あれはまさに伝記ですね。そして調査取材の進行が時にはそのままに記述されていて、たしかに探偵的方法というにふさわしいといえます。

丸谷 その探索は鷗外の教養なくしては不可能と思われるほど詳細にして厳密なんです。そのうえで十分におもしろい。三つの史伝はまさに名作ですね。

『渋江抽斎』のなかに池田京水という医家が出てきます。池田京水は「痘科」つまり天然痘の専門家でもあり、その分野での抽斎の先生だった。この京水の経歴には謎の部分、よくわからないところがあった。池田瑞仙という幕府おかかえの痘科の医家の子か甥なのだけれど、瑞仙の跡を継がずに下谷徒士町の町医者になっている。『渋江抽斎』では不明のまま留保してあった。

　次の『伊沢蘭軒』の後半（その二百十八）に至って、鷗外は京水についてもう一度ふれて、その謎がとけた、という。抽斎は蘭軒の門人で京水に学んだことがあるからここに出てくるのは不自然じゃないんです。鷗外は人の教示によって京水の孫である池田全安なる人物に会った。その全安から京水自筆の巻物を借りることができ、こういうことがわかった。

　京水は池田瑞仙の弟で同じく医家であった池田玄俊の子で、幼くして瑞仙の養子になった。瑞仙の実の甥にして養子ということですね。瑞仙には三人の妻があり、先の二人が死んだ後に入ったのが沢という。沢はおそらく三十二歳で池田の家に迎えられたのだけれど、この若い妻には佐々木文仲という情夫がいて、池田家に出入りしていた。つまり瑞仙黙認の関係で、鷗外はこれを西洋人のいわゆる「家庭の友」に類する地位といっています。沢は自分の旦那の家である池田宗家を情夫である佐々木文仲に継がせたいと思い、養子である京水を追い払おうとする。事情を察した京水は、自分は病弱だから医家には向かないといって自ら家を出て、その後神田明神下の裏店で町医者になった。このとき瑞仙六十六、沢三十七、京水十六。

　京水が去ってから、さすがに瑞仙は沢の情夫佐々木文仲に家を継ぐことは許さず、佐々木の弟子を養嗣子にした。家を去って独立した京水について鷗外はこんなふうにいう。「其人は十六歳の青年である。其家は裏店である。わたくしはその自信の厚かつたに驚かざることを得ない」。そしてやがて京水の門弟が三十六人となって声望大いに高まったことを、鷗外は喜んで書いている。

さて僕としては、京水の発展を祝うのもいいけれど、鷗外は小説家なんだから瑞仙と妻沢と情夫佐々木の三角関係をしっかり書くべきではないか。その怠け方に腹が立つ（笑）。姦通（かんつう）を書くのは御法度（ごはっと）という明治大正文学の約束事があるわけですけどね。まあ僕の腹立ちはともかくとして、そのような人間関係の詳細が探索されているほど、探偵的方法がみごとに発揮されているんです。大変おもしろい伝記ですから、三史伝を未読の方はぜひ手にとることをおすすめします。

――若い頃読んだきりなので、話をうかがって再読してみたくなりました。

丸谷　話は変りますが、平野謙の『島崎藤村』は、鷗外の史伝の方法にかなり学んでいるんじゃないかと思うんですよ。

――平野謙は頭をやすめるために推理小説を読んだということですから、探偵的方法は身についてもいたんでしょうね。

丸谷　中野好夫先生の『蘆花（ろか）徳冨健次郎』は、これもかなり探偵的方法によっていて、中野先生はやはり鷗外の影響を受けているという気がする。

ジョスリン・ベインズというイギリスの伝記作家が書いた『ジョゼフ・コンラッド』という伝記があります。コンラッドには伝記的通説というのがいっぱいあるんですが、ベインズはその通説をどんどんくつがえしているんですね。コンラッドには自伝小説風のものがたくさんあって、それには自己美化が多い。たとえば胸に傷のある若い水夫の話があると、それは決闘でできた傷だというふうに書かれている。それまでのコンラッド伝の作者は、それによって、コンラッドは若いときに決闘して胸にその傷痕があるなどと書く。つまり小説によって伝記を書いたんですね。それをジョスリン・ベインズは完膚なきまでに暴露して、あれは転んでできた傷だ、みたいな、そういう伝記を書いた（笑）。

中野先生は「20世紀英米文学案内」だったかのコンラッドの巻を担当されたからそのへんはよくご存知なんです。いつだったかお目にかかって『蘆花徳冨健次郎』の話になり、「大変いいです、ジョスリン・ベインズのコンラッド伝みたいな感じでした」といったら、えらくお喜びになった。ベインズを意識していたとも思うな。蘆花伝にも同じような暴露があるでしょう。そういう方法もふくめて、あれは中野先生のお仕事のなかでもいいものですね。

――そう思います。蘆花という人物を描いて彼の生きた時代があざやかに再現されてもいる、その目配りがすごいですね。大逆事件で幸徳秋水ほか十二名があっという間に死刑になる。十二名が処刑されて一週間後だったかに、蘆花が一高に行って講演するでしょう。

丸谷　ああ、『謀叛論』。

――あの『謀叛論』あたりの時代の空気の書き方なんか、ほんとにすごいと思いました。

丸谷　ジョスリン・ベインズのコンラッド伝のタイトルは『ジョゼフ・コンラッド――ア・クリティカル・バイオグラフィ』だったように思うけれど、このクリティカル・バイオグラフィという言葉、対応する日本語としては評伝という言葉がある。評伝とは何か、辞書をひいたわけじゃないが、たぶん評論的伝記と書いてあるだろう。でもそれは違うらしい。昔、篠田一士に清水徹が「クリティカル・バイオグラフィって何だい？」と質問したら、篠田がいうには「資料を厳密に扱った伝記、それをクリティカル・バイオグラフィというんだ」。ここまでは篠田の意見です。そしてもちろんその通りだと思う。でも、ここから先は僕の意見なんだけれど、クリティカルという言葉には、悪口をいうという意味がある。だから頌徳表的でない、悪口をいうのを辞さない伝記がクリティカル・バイオグラフィだという面もあるんじゃないかな。日本語の評伝という言葉はすこしずれているんです。評伝というと、なにか批評と伝記をまぜたものみたいに考えがちですね。あれはどうも違うんじゃないかな。

――資料に対してクリティカルであるというのは、真実を探る、そこから自ずと悪口をいうのを辞さないという態度につながっていくようですね。

丸谷　さっき出た平野謙の『島崎藤村』とか中野先生の『蘆花徳冨健次郎』などは、そういう意味でのクリティカル・バイオグラフィという感じがありますね。

ついでにというわけではないのですが、ここで一ついっておきたいことがあります。日本では小説を論ずるのに、そこにある（かどうかはわからないのに）伝記的なことを詮索するのが批評家の仕事の一部みたいに考えられていますね。あれはどうなのかな。西洋の場合は、伝記というものは伝記ではっきりしている。批評は批評ではっきりしている。批評は文学作品としてのおもしろさを論ずることである。文学作品のおもしろさと伝記的事実との関係を主として論ずるというのは批評家の仕事ではないわけです。日本では、作品の美的特質を論ずるのも批評家の仕事、伝記的事実を詮索するのも批評家の仕事というふうに、両方とも批評家の仕事のように思われています。あれは僕は間違いだと思う。文芸批評家の仕事は、なんといっても作品の美的特質、文学的特質の吟味であって、伝記的詮索ではないと思うんです。

——明治以後、近・現代文学の文芸批評家や文学研究者は、なぜ作品を伝記的事実に還元することが第一義的仕事と考えるようになったのでしょう。

丸谷　小説というものが告白だと思ったんですね。でもそんなばかな話はないんで、告白が小説でいちばん大事なことであるならば、小説のおもしろさというのはどこかへ行ってしまう。古来の大小説はみんな告白としては偽りであることが明白なわけだから、古来の大小説はみんなくだらないということになる。そこのところが、明治以後の小説観の誤解があって、文芸評論家の仕事も間違ってきたんだと思います。

三つ目が探偵的方法による伝記でしたね。そこで、第四に学者的方法というのがいえる。探偵的方法の延長として、あるいはそれを含んで、学者が書く伝記がある。

——学者の書く伝記は探偵的方法をさらに厳密におしすすめてもいるわけですね。

丸谷　そうです。僕の縄張りでいうと、例としてはレオン・イーデルがいます。『ヘンリー・ジェイムズ伝』、これは四冊本という長さで、僕は読んでいない。それからリチャード・エルマンの『ジェイムズ・ジョイス伝』『オスカー・ワイルド伝』などがあって、これはどちらも非常におもしろかった。

学者が伝記を書くときはこんなふうに厳密にやるものなんだなということがわかって感心したのですが、ここで伝記の大問題に逢着（ほうちゃく）するんですね。エルマンがジョイスの伝記を書いたとき、ジョイスの孫のスティーヴン・ジョイスはエルマンが本を出すのに最後まで猛烈に反対したんですね。やめてくれといいつづけた。

エルマンはなだめになだめて、あなたが嫌がることは一行も書いていないといい張って、見せろというのを見せないでなんとかしのいじゃった。遺族が反対するというのは、伝記を書くうえでの大問題なんですね。ジョイスは梅毒患者だったんですよ。だから遺族はそれを書かれるんじゃないかと心配して嫌がったんでしょう。エルマンは書かなかった。しかし、ジョイスの梅毒について書いた本が一冊ありましてね。キャスリン・フェリスという女性の学者が書いた『ジェームズ・ジョイスと病気の重み（*James Joyce and the Burden of Disease*）』です。割に薄い本ですが、表紙の写真が印象的でしょう。いかにも悪い病気に打ちひしがれているという感じで。中身は偶像破壊的な伝記の代表みたいなもので、読んでいると気持が悪くなってくる。十九世紀の文学者にとってはあの病気は重大問題だったし、遺族が嫌がるのもわかる気がしますね。

――陰々滅々たるジェームズ・ジョイスのポートレートですね、この表紙は。

丸谷 それはともかく、僕は学者の伝記は、やはり学者の書いたものが、素人（しろうと）が書いた学者の伝記よりもおもしろいという気がする。私生活の記述だけじゃなく、専門的な学問がそれにどうかかわったかが大事なわけですから、学者の専門的知識がずいぶんものをいうわけなんです。たとえばピーター・ゲイの仕事は精神分析的方法による歴史学ですね。そのゲイによるフロイトの伝記はなかなかいい。

それからドストエフスキーの伝記で有名なＥ・Ｈ・カーだけれど、ジョナサン・ハスラムというカーの弟子が書いた『誠実という悪徳――Ｅ・Ｈ・カー　１８９２―１９８２』という伝記があって、これもなかなか読みごたえがありました。

小林秀雄の『ドストエフスキイの生活』は、カーのドストエフスキー伝の剽窃（ひょうせつ）だなんて昔いわれたことがあります。小林秀雄は何版かの巻末で資料的にはカーの本に負う所が大きいと認めた。あれでかまわない。僕はそこのところは大きな問題じゃないと思うんです。でも、みんなその程度のことしか小林秀雄とＥ・Ｈ・カーの関係についていわないのが、僕はむしろ不満なんです。

小林の『ドストエフスキイの生活』は、「歴史について」という序から始まるわけですが、これがなにしろ難解なエッセイで、よくわからなかった。こんど『ドストエフスキイの生活』を読み返してみて、ジョナサン・ハスラムの『Ｅ・Ｈ・カー』を参考にして考えてみると、少しわかってきたかなという感じがした。

歴史というのは不条理である、非理性的である。人間もまた理性的ではない。ドストエフスキーはそのことを見通していたのだけれども、一方でキリスト教的な神の摂理を信じていたから、その不条理な歴史、不条理な人間の精神に耐えることができた。というような把握をカーはしていたのではないか、とハスラムはいっています。

小林秀雄も、歴史の不条理性というドストエフスキーの認識を大事にしてドストエフスキーを読んだと思われます。ドストエフスキー論の序文が「歴史について」ということになるのは、そのせいでしょう。しかし、ドストエフスキーがキリスト教的な神の愛によって歴史と人間の不条理性をなんとかしのごうとしたとすれば、そういう神に対する信仰は小林にはないわけです。そのときに小林は子供を亡くした母親の哀しみの念をもち出して何とかしのいだんですね。

キリスト教的な神という父親的なものと、それに対応する母親的なものはパラレルになる。キリスト教の父親的なものには観念的な普遍性があるのに対して、小林のいう母親の哀しみというのは実感的かつ個別なものであって、ドストエフスキーの思想に対応するものかどうか。ドストエフスキーを論ずるときにそれをもち出してもあまりピンと来ないのではないか。それがあの序文のわからなさにつながっている、というのが差しあたっての僕の考えなんですよ。

あの歴史論は二重底みたいになっていて、一方には普通の意味での歴史があるし、他方には歴史哲学的な歴史がある。その両方をまぜて書いている。

あのころ小林にはシェストフ的な虚無とどう対決するかという主題があって、それをキリスト教的な神ではなく日本の母親の愛でしのごうというのは、もっとうまく説明してくれないとわかりにくいなあ。

――日本の学者が書いた探偵的方法を使った伝記で秀作をあげていただけませんか。

丸谷　角田文衛さんの『待賢門院璋子の生涯――椒庭秘抄』という本。これは待賢門院璋子が白河法皇の孫である鳥羽天皇のお后でありながら白河法皇と関係しつづけた。その愛情生活と妊娠の関係を荻野（おぎの）学説によりながら研究したもので、まさに探偵的視点が存分に発揮されています。あれは歴史学と医学の協力で、学際的方法ですね。

もう一つ、大野晋（すすむ）先生の『語学と文学の間』のなかにある本居宣長（もとおりのりなが）の伝記的事実の研究。宣長が初恋の人と結婚したいと思っているうちに、その人がお嫁に行ってしまう。宣長は心を残しながらお母さんが勧める人と結婚する。ところがしばらくすると、初恋の人の夫が亡くなる。それで宣長は離婚して、その初恋の人と結婚した。その経緯を過去帳などを使って徹底的に調べあげたんです。宣長はその間、人妻に恋している状態で、その懊悩（おうのう）から『源氏物語』を深く読みこむことができた、というのが大野さんの説なんです。これはおもしろいし、じつに立派な研究ですね。

十八世紀的な自己の発見

——最後になりましたが、自伝というものに少しでもいいですからふれてください。

丸谷　自叙伝というのはできたのがだいぶ遅くて、アウグスティヌスの『告白』が最初ともいわれていますね。僕にとってはあれはつまらなくて、嫌いなんです。それよりもイタリアのルネサンス期のチェッリーニの自伝があって、これはおもしろかった。勇壮活発で、大らかで、ルネサンス人とはこういうものだったのかと思わせるような自伝です。あまり読まれていないようですが、これはお勧めしますね。日本でいうと勝小吉の自伝があるじゃない？　あれの西洋版がチェッリーニの自伝じゃないかな。乱暴で、無茶苦茶で、さっそうとしている。

ルネサンスの頃に伝記がいろいろと書かれるようになって、それを受けて十八世紀になると自伝というものが出てきたといえるんじゃないでしょうか。ルネサンス的な人間の発見が、十八世紀的な自己の発見につながっていくようなところがあります。ルソーやギボンの自伝が代表的なものでしょう。

ルソーの『告白』をこのあいだ読み返してみてつくづく思ったのは、伝記ももちろんそうですが、自伝となるとなおさら、その人がよほど人間的な魅力のある人柄じゃないとだめなんだなということです。単に偉くなった、手柄をたてたというんじゃだめなんですね。ルソーの自伝を読んでいると、ずいぶん変な男でひどいこともいろいろするんだけれども、なんだか気持がいい。

——ルソーは若い頃は不幸な境遇だし、不遇でもあるけれど、どこか明るいんですね。自分を語って日本の私小説風にはけっしてならないところがおもしろいですね。ずいぶんひどいことをしたりいったりもしているんですが、たしかに。

丸谷　西洋の自伝に対応するような日本の自伝となると、十八世紀では新井白石の『折たく柴の記』がいいですね。好奇心旺盛で頭がいい。それから明治以後に書かれたものでは『福翁自伝』がいい。物事を客観的に見る能力があるし、ものの見方が楽天的だし、読んでいて気持がいい。あとは『高橋是清自伝』というのが僕は好きだった。事件がいっぱいあって、波乱万丈。自伝というのは心の中などをあまり打ち明けられても困るんで、事件がいっぱいあるといいんです。

荒畑寒村の『寒村自伝』も、人柄が魅力的だし、名作ですね。ただ前半にくらべると後半はかなり落ちる。やはり時代が経たないと客観的に眺められないし、それに関係者が生きているから差障りがあるんでしょうね。この、後半が落ちるというのはたいていの自伝の通弊で、ゲーテの『詩と真実』だってそうなんです。だから、どうも咎めにくい。

中村稔の『私の昭和史』もそうですね。戦前戦中を扱った本篇は名作と呼んでいいくらいすばらしい。検事であるお父さんを、かつては出世主義の能吏として内心軽んじていたのに、戦後、亡くなってから、父親が津田左右吉事件やゾルゲ＝尾崎裁判を扱いながら、結局は上のほうのいいなりになったけれど、それまでの過程において、まったくの素人なのにどんなに津田左右吉の学問をまじめに勉強し、よく理解したか、ゾルゲや尾崎秀実を人間として敬愛したかがわかってくる。その認識の改まり方を語ることで、父に対して冷淡だった自分の態度を悔む。これが哀切でね。心がかきむしられるような感じ。

それはまるで検事という父親の職業を通って家庭生活のなかへ公的な昭和史が闖入してくる感じで、公私両面から昭和史を押えるのに成功している。わたしは『仮名手本忠臣蔵』の五、六、七段目のお軽の一家へ塩谷判官の刃傷事件が降りかかってくるのを連想しました。

最近翻訳が出たエドマンド・ゴスの『父と子』、これは父と子の仲たがいというか、対立を書いていて、暗い話になりそうなんですが、そこをうまく救っている。ヴィクトリア朝がどういう時代だったか、そのヴィクトリア朝的なものがどんなに人心を支配したかがよくわかる。その意味ではストレイチーの伝記のある部分を濃くしたような味がありますね。

——『父と子』ですから、父の伝記であり子の自伝でもある。文章のよさというか、語り口のうまさがこの本を成り立たせているんだなと思いました。

丸谷　だから伝記もいったいにそうなんだけれど、文章がよくないとつまらないんです。とくに自伝はそうで、文体の個性が最も大事な文学ジャンルが自伝なのかもしれませんね。これは、ほら、文章の下手な私小説は救いようがないという事情に通じるものがありますね。

（二〇〇八年五月二十四日、東京・虎ノ門）

【歴史】物語を読むように歴史を読む

物語としての歴史

――これまで短篇小説、長篇小説、伝記をめぐってのお話をうかがってきましたが、きょうは歴史がテーマです。歴史は文学とどのようにかかわっているのか。

現在を知るため、未来を予測するためには歴史に学ばなければとよく言われますけれど、しかし普通の読書人が歴史に親しむときには、歴史という一種の物語をあたかも小説を読むように楽しんで、結果として多少の知恵や認識を得ている、というところではないでしょうか。つまり、歴史を物語としてとらえているのではないかと思うのです。

丸谷　それは話の入り口として絶好のものですね。たとえば、これは読み物としてはちょっと高級かもしれませんが、フェルナン・ブローデルの『地中海』みたいな本でも、われわれは学問の探究としてではなく、おもしろい読み物として読みますね。でもそれでいいわけで、それが普通みましょう。

――文学から歴史とは何かを考えることになりますね。

丸谷　「歴史とは物語である」ということを示すものとして、年表と歴史との違いを対比してみせたヘイドン・ホワイトというアメリカの学者の考え方を見てみることにしましょうか。ヘイドン・ホワイトの「歴史における物語性の価値」はW・J・T・ミッチェル編『物語について』に入っています。

彼によると、年表は、年号と、その年に起こった出来事の一覧からなっている。しかしそれは、「われわれが通常話の属性であるとみなすものは何も持っていない」。主人公も事件もないし、中心となる主題もない。話の始まりもなければ真ん中も終りもない。ペリペティア、つまり筋が急にがらりとひっくり返って収束する方向に向かうような急展開もない。さらに語り手の「声(ヴォイス)」がない。語り手特有の声、語り口の特徴である個性がないから、だれが語っているのかわからない。そういうものが年表である。ところが歴史は、そういうないない尽くしでは書くことができないとホワイトは言うんですね。

――ホワイトが出してきた年表がおもしろいものでした。『ゲルマン史録』に、八世紀から十世紀のゴール地方の事件を記録した「サン・ガル年表」というのがあって、ホワイトはそれを紹介しています。年号だけがずらっと途切れずに並んでいて、起こった事件の項目は、何年かおきにぽつりぽつりと恣意(しい)的に出てくる。

丸谷　空白の年がいっぱいあるのね。

――これは、何の脈絡も感じられない、だれが書き手かもわからないというじつにいい例だと思います。近現代の年表ではこうはいかない。中世の年表だからこそ、年表の本質が典型的に示されているのかと思います。

丸谷　年表と歴史の対比から歴史論を始めるなんて、ホワイトというのは頭のいい男なんだなあ。『昭和史』（遠山茂樹・今井清一・藤原彰）という本があったでしょ。岩波新書の。戦後の歴史本の大ベストセラーの始まりだったと思う。当時、亀井勝一郎がこの本には「人間がいない」と批判して、これが非常に受けたわけですね。でも、「人間がいない」というのはどういう意味だったのか。右のイデオロギー、左のイデオロギー、それらの傀儡（かいらい）という形で出てくるばかりで、人間らしい生身の人物が描かれていないという意味で受け取られていた記憶がある。

――そうだったと思います。

丸谷　でも五十年前を回想してみると、そのことよりも、『昭和史』という本には人間らしい語り手がいなかった、共産党のパンフレットみたいだった、その感じを思い出すんです。

――歴史家の「声」がない、ということですね。語り手の「声」がないというのは、文体がないと言いなおすことが可能でしょうか。

丸谷　そこが亀井勝一郎やホワイトのうまいところで、文体というよりは「声」と言ったほうがなんだか迫るものがあるのね。「人間がいない」と言うほうが、作中人物が躍動していないとかなんとか言うよりもずっと効き目があった。同様に「声」というと、自分の生れた村の歴史について父親とかおじいさんから語られているような、そういう感じもするでしょう。結局は文体なんでしょうけどね。

――ホワイトは中世の年表を例にあげましたが、もっと古い歴史書のなかに物語性があるものはみつかりますか。

丸谷　古代ローマのタキトゥスの『年代記』なんかはおもしろいですよね。皇帝と兵士たちの金銭的関係なんてじつにうまく書いてありました。それから『平家物語』もいい例なんじゃないかな。

　ヘイドン・ホワイトは、物語性がなければ歴史として恰好がつかないというようなことを言っている。さらに、物語性を持つためには何らかの意味で教訓的なものが必要だと言う。つまり僕の言葉で言い直せば、主張すべきイデオロギーが必要になる。たとえばギボンの『ローマ帝国衰亡史』におけるキリスト教に対する懐疑的な立場とか、ローマ史全体に対する皮肉な視線とか、そういう語り手の立場ですね。

　ブルクハルトの『イタリア・ルネサンスの文化』にしたって、単なるルネサンス讃美だけではなく、世界史に対する小国の寄与という主題が隠してあるらしい。ほら、あの人はスイスという小国の学者でしょう。そしてイタリア・ルネサンスの国はフィレンツェその他、みな小さな都市国家で、それであれだけの偉業をなしとげた。

――隠されてはいるけれど、切実なモチーフというのがあるものなんですね。そういうモチーフが物語性を生み出してもいくということでしょうか。

丸谷　この語り手の立場というのは非常に大事なことで、確かにそれなくして主題はない。主題がないと話を一貫させることができない。だからそれは「歴史」にはならないというわけですね。僕は歴史を書いたことはないけれど、小説は少し書いている。その小説家としての体験からいって、主題なしで歴史を書くのは難しいだろうなと思いますね。
――なるほどそうでしょうね。そういえば丸谷さんの『輝く日の宮』には年表が出てきますけれども。
丸谷　そうでした（笑）。でもあれはストーリーに合わせて年表を利用したんですね。事情を手っとり早くのみこませるために。統計のときの円グラフや棒グラフみたいなものです。今まで年表の欠点ばかり言いましたけど、長所もあるんです（笑）。

おもしろければいいのか

丸谷　では物語性、つまり始めと終りがあり、主題があり、急展開があり、語り手の声があれば歴史は書けるのか。そういう疑問が当然出てくると思います。歴史とはまず第一に本当のことが書かれていなくてはいけないはずだ、しかし物語というのはえてして嘘の連続になりがちなものではないか、と。
　その懐疑説の第一に、歴史解釈は相対的なもので、語り手は自己中心的な物の見方をするものだという言い分があるでしょう。おもしろい本があるんです。小坂井敏晶の『民族という虚構』。

アメリカ大陸発見をめぐる世界各国の教科書の記述が紹介されている。

アルジェリアやモロッコなど北アフリカのアラブ諸国の教科書では、アメリカ大陸発見といえどもアラブ人の功績をたたえたい。だから、中世には未開地帯にすぎなかったヨーロッパが偉業をなしとげたのは、羅針盤や天体観測機などアラブ人が発明した科学技術の成果があったからだと書く。アメリカ大陸発見に必要な知識でヨーロッパ人が見出したものなどひとつもないと。

サハラ砂漠以南のアフリカ諸国の教科書は、アメリカ大陸発見が引き起こした非人道的行為としての奴隷売買、これにうんとページを割いている。そしてアメリカ合衆国の教科書では、アメリカインディアンが、コロンブスやヨーロッパの移民に先立ってアメリカに渡ってきた人々として書かれている。

――モンゴロイドが一万年以上先に移住したと（笑）。

丸谷　そう。つまり先住民という存在が都合よく相対化されている。

――歴史的事実といっても、立場によってそれほどの違いがあるということですね。

丸谷　つぎに、物語としての歴史に対する反論その二を考えてみましょう。実に安直な言い方をすると、これは、おもしろければそれでいいのかという脅しですね（笑）。おもしろくするためにはどうしたってフィクションが入る。そうなると歴史がロマンスになってしまって、客観的真実の追究という歴史学の大前提が失われてしまう。それはどうなるのかと。

ル・ロワ・ラデュリの『モンタイユー』という本がありますね。十四世紀フランス南部モンタイユーで、ジャック・フルニエという人物、これは後年ベネディクトゥス十二世という教皇になった男ですが、このフルニエが司教時代に、カタリ派の異端はいないかどうか、農民たちを訊問（じんもん）した。それが膨大なラテン語手稿本になって残っている。それをル・ロワ・ラデュリは調べて、農民の生活に迫った。するとあのころの性風俗が具体的にわかってきて、じつにおもしろい読物ができあがった。これをわたしは書評で絶讃したんですよ。わたしの『木星とシャーベット』という書評集にはいっています。『月とメロン』というエッセイ集でも紹介した。

――一九九〇年に翻訳が出たとき、すでに評判になっていて僕も入手したのですが、あの丸谷さんの書評で本気で読みはじめたのを思いだします。

丸谷　そしたらこれを読んだ友達が、フランスの農民なんて連中は、助平な話をすれば坊主が喜んで、異端審問なんかそっちのけになるってことをよく知っている。それをいちいち真に受けるなんて、ル・ロワ・ラデュリも丸谷も人がいいなとからかうんですよ。困ってしまってね（笑）。

――原資料の信憑性（しんぴょうせい）がとんでもない方向から批判された（笑）。

丸谷　別口の件もあります。客観的な歴史の記述には数量が必要とされる。たとえば帝政ロシアでは毎年ウオッカがどれくらい飲まれていたか。ところがまず人口がわからない。ゴーゴリの『死せる魂』でも、農奴の数がわからないじゃないですか。ましてやどれだけの量のウオッカが飲まれていたかなんてわかりっこない。密造が多いしね。人口の統計はあるにはあるけれども、帝政ロシアの統計なんていうのは、じつに当てにならない（笑）。とすると、一人あたりの消費量がまったくわからない。

――人口が把握できるようになったのは、ずいぶんあとのことでしょうね。古代ローマでは選挙権など市民権が与えられていた市民の人口はわかる。けれども奴隷や女性、つまり非市民の人口はまったくわからない。ロシアでも農奴というのは人間扱いされていないわけですから、人口には入らないでしょう。

丸谷　厳密にいえば、歴史を数量化することなんかほとんど不可能でしょう。ブローデルが『地中海』で、農民の生活水準に関しては、我々はほとんど何も知らない。それゆえ我々はいくつかの調査を上手に使うわけだが、当然それらの調査はいかなる一般的価値も持たない、なんて言っていた。碩学になるとこういうことを言っても許されるのかな（笑）。かてて加えて歴史を書くときの大問題として、史実と伝承とをどう区別しながら書くかということがあるわけです。

隠岐に流された後醍醐天皇を奪還しようとしたけれどかなわず、「天勾践を空しうする莫れ時に范蠡無きにしも非ず」、必ずやお助けにまいりますという決意をこめた漢詩を書いて天皇を喜ばせた児島高徳という人がいますね。『太平記』の作中人物。これがいくら探しても記録に出てこない、だからそもそも実在しなかったのだと明治の学者が言いだして、大問題になったことがありました。この学者は歴史的人物を抹殺するようなことばかりやったんで「抹殺博士」の異名をとった（笑）。

ドイツの歴史家ランケの唱えた実証的な歴史学、第一次文献であるところの古文書に当ってそれによって歴史を書くということが十九世紀ヨーロッパでおこなわれるようになった。伝承によるのでも、以前に書かれた歴史書によるのでもなくて、つねに第一次文献に拠って書く。

ランケという人は新しい町に行くとまっすぐ図書館に向かうんですって。それで古文書を読む。

教えていたベルリン大学の休みにはかならず外国に行く。偉い学者だから上流階級とのつきあいもあって、代々伝わる秘密の文庫までまるごと見せてもらえる。そうやってアーカイブあさりができたせいで、大発見の連続を成し得た。その実証的な方法が文学の場合のフランス自然主義のように一世を風靡して、日本の東京帝国大学史学科にまで伝わって、あげくは「抹殺博士」なんかを生み出したんですね。

しかし一方、数量性があやしければ駄目という態度は知的な頽廃をもたらすんです。年号が数量の一種というとおかしいかもしれないけれど、たとえば民俗学的方法の対象は、何年にはじまったなんて限定するのは不可能です。茫漠としてるもの。しかし民俗学で扱う現象はたしかにあるし、社会を大きく動かしてるんですね。実証性の都合だけで歴史をとらえるのは間違っている。

――民俗学的方法と歴史学の接触する場所、あるいは離反する場所は現在でも大きな問題なのでしょうが、しかし双方とも相手を無視することは不可能でしょうね。

書物としての歴史の力

丸谷　『太平記』という歴史物語が日本の国運を左右したというのが僕の前々からの説なんだけれども、『太平記』というのは、怨霊がいかに世の中を乱すか、要するに後醍醐天皇や楠木正成の怨霊が怖いという話ですよね。それを読んだ人たち、階層的にいうと一番上の徳川光圀や頼山陽から、「太平記読み」の講釈を聞いた庶民まで、みんなそろって正成は偉いし南朝は尊い、彼らの怨霊は怖いから大事に祀らなくちゃならぬ、そういうイデオロギーを持っていた。
薩摩、長州はそれを利用して徳川幕府を倒したわけですね。いわゆる皇室崇拝とはまた別格の力を持って人心を支配していた。その南朝崇拝の力があるから、ランケ的実証史学も南北朝時代には及びにくかったんです。もしも『太平記』の圧力がなければ、明治東大の実証主義的史学はもっと猛威を振るったでしょう。

――いまのお話は怨霊史観と明治維新のつながりですが、水戸光圀の編纂した『大日本史』にしても、記述は南朝寄りのようですね。ところで光圀の『大日本史』は幕末の動向に現実的な影響を与えたでしょうか。いわゆる志士たちは読んでいたんでしょうか。

丸谷　影響はもちろんあったけれど、読んではいないと思う。『資本論』だって、『源氏物語』だって、みんなろくに読まないでしょう。読むとしたらダイジェスト。わかりやすく人びとを熱狂させるものは原典を読まなくても伝わっていく。たいていのマルクス主義者は『資本論』なんか読んでいませんよ。

乱暴にいうと、歴史が学問になったのは十九世紀以後だと思うんです。十九世紀以前の世界においては、歴史というのは読み物だった。では読み物としての歴史はだれが書いたのかというと、ごく概括的に言うと文人ですね。頼山陽みたいな大詩人から、本屋の番頭や寺子屋のお師匠さん、いろんな段階の文人がいた。それがみんなを喜ばせるおもしろい話として歴史読み物を書いた。昔ほんとにあった話だよというと、大衆は一応信用する、あるいは信用するふりができる。文体のよしあしとか著者の学問のありなしとかいろいろあったでしょうけれど、ともかく歴史といえばそういう読み物だった。

世界的にみると、職業としての歴史家は、フランス革命以後、十九世紀になって生じたものではないかと思うんですね。

――それはなぜでしょう。

丸谷　十八世紀の末にフランス革命が起こるにあたっては、それ以前のヴォルテールを中心とする文人たちの文業がおおいに影響しています。人間は平等だとか、王制より共和制のほうが合理的だとか、そういう考え方がすでに広まっていた。フランス革命が起こったのを見て、人々は、書物としての歴史が出来事としての歴史を動かすことができるのだという認識に至ったのではないでしょうか。

――その痕跡（こんせき）は多々ありますね。百科全書派の影響は、革命家全員にあまねく及んでいるわけですから。共和制およびナポレオンがなぜ生れたかというと、まず百科全書派の思想家たちの働きがあった。あの人たちはヴォルテールをはじめ歴史にやけにこだわっていますよね。

丸谷　そうなんです。それで十九世紀に職業としての歴史家が出現して、以後、歴史家の書くものが二通りに分かれていった気がするんですね。一つはわれわれがよく知っている本としての歴史。これはふつうの読者が読んでもおもしろい。それから論文としての歴史。これは学術論文であって専門家が読む。たとえば能登半島の上時国家（かみときくに）に残っている文書の研究といったようなもの。網野善彦（よしひこ）さんなんかがそれを研究すると、十五、六世紀ごろの経済的状況が鮮明にわかってくる。論文としての歴史を書いた学者が、出版社から注文を受けて本としての歴史を改めて書くこともありますけれど、論文と本という感じに二分した気がするんですよ。
なかにはもちろん例外もあります。石母田正の『中世的世界の形成』、これは論文としての歴史の代表的なものですが、われわれアマチュアが読んでも非常におもしろい。東大寺領である伊賀国の黒田庄という荘園の有為転変を書いていて、論文でありながら本としての歴史でもある、稀有の名著だと思います。
ほかにも五味文彦さんの『院政期社会の研究』というような本があって、論文集なんだけれど、五味さんは院政期の日本が男色によって動いていたらしいと発見して、それを方々で書いているわけです。なるほど、確かにこういう見方もできるなと思わされる。五味さんの研究は、僕のような読者をおもしろがらせる一方で、日本の歴史学会を怒らせない着実さを兼ね備えているんです。

――じつに高い実証性を持ちながら、言語表現としての物語になっていて、僕も非常におもしろく読みました。ホワイトのいう物語性の必要というのが、この本からも窺えると思います。

丸谷 五味さんのヴォイス、「声」があるから読んでおもしろい。でも学術的でありながら、しかも物語的な魅力に富んでいるというのは、残念ながらやはり例外的なんじゃないかな。

歴史家がいちばん偉い？

丸谷 ヘイドン・ホワイトに戻ると、物語としての歴史を成立させるためには、やはり語る技術というのか、歴史家としての話術というのか、そういうものが必要だということになるわけですね。ところが大問題が一つあります。それは、歴史のストーリーの結末はあらかじめ決まっているということ。

つまりイエス・キリストは死刑になり、けれどキリスト教はローマ帝国の国教になる。徳川幕府は倒れ、薩長によって近代日本が成立する。このことをすでに読者は知っている。これは歴史家と小説家との決定的な差異なんですね。『罪と罰』の読者は、普通、ラスコーリニコフが最後にどうなるかを知らない。アンナ・カレーニナがついには自殺するということも知らない。すくなくともそういう建前になっている。もっとも極端な例は推理小説であって、推理小説の評論家は、だれがアクロイドを殺したかを明かさなければならない場合、前もって読者におわびをしなくちゃならない（笑）。

つまり、話術の大変重要な武器である結末の不可知性は、歴史家には与えられていない。これは圧倒的な不利なんです。にもかかわらず歴史を語るには、どうすればいいのか。ピーター・ゲイが『歴史の文体』で言っていますが、カール五世が一五一九年の皇帝選挙で勝つことは、ヨーロッパの読者なら誰もが知っている。ところがランケは、カール五世に負ける可能性があったことを十分に強調しながら書く。そのように読者を引きつける物語を展開する技術が歴史家には要求されるというのがピーター・ゲイの説ですね。

ランケもギボンもそうなんです。話術が非常にうまい。それから言葉の選び方という点では、自分を露骨に出さない。しかし形容詞の使い方や何かに、自分の主張を潜ませる。そうすると、客観性を保ちながら物語をきちんとある方向へと運んでいくことができる。それがランケの方法だとピーター・ゲイは言うんです。

ここでついでに、ピーター・ゲイのおもしろい説を紹介しましょう。マシュー・アーノルドとオスカー・ワイルドは、十九世紀末、小説や詩を書くことよりも批評の方が上だという考え方を表明した。吉田健一さんはこれをおもしろがって、信奉していたでしょう。つまり立派なシェイクスピア論を書けば、その人はシェイクスピアよりもっと偉いと。

──残念ながらそういう批評家はなかなか見出しがたいですけれども、そのアナロジーはすごい発明ですね。

丸谷 それと同じような考えをランケは歴史に適用した。つまり一国の帝王なり宰相なりになって歴史を動かす立場よりも、彼らを材料にして歴史を書く人間の方が上だ、という考え方(笑)。ピーター・ゲイはこう書いています。

ランケが抱いた自己の職業への意識は、マシュー・アーノルドからオスカー・ワイルドまでの文芸批評家たちが、ランケと平行して、真剣にとは言わないまでも、しごく真面目に発展させていった考え方と非常によく似ている。つまり、批評の方が創作より上位を占めるという考え方がそれである。……クロムウェルやナポレオンは世界を変える、そしてランケは本来それがどうであったかを発見することができることになる。

――なるほど。それが歴史的話術であると言っているのですね。

丸谷　歴史的話術を駆使することによって、世界史的人間よりも優位に立てる。これは歴史家にとって痛快な考え方です。

――実に批評家が喜びそうな考え方ですね（笑）。

丸谷　ランケがこう言っているんですって。メッテルニヒ侯爵（こうしゃく）は、賢明なゲンツの忠告によって私に――つまりランケに――この文書庫、アーカイブの利用を許されたことによって不滅の功績を残した、と。

――つまり、おれの方が偉いんだよと（笑）。

丸谷　そう。歴史家の優位性（笑）。

主人公はだれか

――歴史家の記述方法をさらに具体的にみてみましょうか。

丸谷　一つには、主人公、代表的人物、それをどう出すかということですね。タキトゥスの『年代記』の主人公は、ローマ皇帝たち、ティベリウスからネロまででしょう。それからアッリアノスの『アレクサンドロス大王東征記』、これはもちろんアレクサンドロス。では和辻（わつじ）哲郎の『鎖国――日本の悲劇』、あの主人公はだれなんだろう。フロイスが主人公のような気がしないでもない。でも終りになると、信長が主人公かなという気もしてくる。

――フロイスを読んで論じたもっとも初めの人が和辻哲郎ですよね。信長のことははっきりつかんでいなかったという感じもします。

丸谷　そうですね。あるいは『鎖国』の主人公はアーリー・モダン・ジャパン、近世日本というものなのかな。さっきの人間がいるとかいないとかいう話につながるんだけれども、登場人物がくっきりしていたら、もっとおもしろい本になったかもしれない。文章もきれいだし、とてもいい本だけれど。

　E・H・カーのソヴィエト・ロシア史、あの主人公はだれなんだろう。

――やっぱりスターリンではないですか。

丸谷　スターリンかな。トロツキーではないし、レーニンでもないね。主人公を決めろと言われても無理なのでしょうけれど、主人公がいないと読んでいてやはり調子が落ちますね。

――ドイッチャーの『トロツキー』三部作のドキュメンタリー的な革命の方が面白いですよね。

丸谷　おもしろければいいのか、とまた戻っちゃってぐあいが悪いんだけどね（笑）。でも物語というものは、やはり中心人物、主人公がとても大事です。『平家物語』は、前半の主人公は平清盛、後半の女主人公はその娘である建礼門院徳子という形になっていて、このバトン渡しがうまくいっているせいで成功している。

――ドイッチャーの『トロツキー』を読むと、トロツキーを中心にして、スターリンもレーニンもわかったような感じになりますからね。

丸谷　あくまでも「トロツキー伝」であり、トロツキー中心に語っていけばこうなるという言いわけがあるから、偏り（かたよ）があっても許される。

——そのあたりが歴史の難しさなのかもしれません。

丸谷　難しいですね。ブローデルの『地中海』の原題は『フェリペ二世下の地中海と地中海世界』というんです。それが『地中海』になっているところがおもしろい。フェリペ二世は日本では人気がないんですね。

——カトリックの盟主たるスペイン王ですが、どういう存在かすぐにはわかりにくいのかもしれません。

丸谷　でもあの人は偉い人らしいね。偉いというか、大物ではあるらしい。だから『フェリペ二世下の地中海』と言われると納得がいくような節もあるんだけれども、日本では、地中海を主人公としたほうがなじみがよかったのかな。

歴史記述の可能性

丸谷　先ほどお話しした石母田正の『中世的世界の形成』、あれは伊賀国黒田庄が主人公なのか、あるいは東大寺の支配に抗しようとした黒田悪党が主人公なのか。伊賀国黒田庄なのだろうけれども、最後の章が黒田悪党の研究で、これがすごく長い。

この本の岩波文庫版には、一九五七年九月に書かれた「はしがき」がついていて、これが非常におもしろいんです。一九五〇年に初版が刊行されたとき、いろいろと書評が出た。そのご指摘のように資料の読みが浅かった箇所は、このたび手直しをした。しかし「本書の結末について竹内理三氏が指摘されたような性質の欠陥については、旧版のままにしてある」とあるんです。

竹内理三は東大の教授ですが、書評で、この本の結末の黒田庄の請け文の解釈について、石母田のいうように黒田悪党が東大寺に屈服したのではなく、「屈服とはおよそ反対のことを意味する」として、「従って吾々は、蹉跌と敗北の繰返しを以て黒田荘の歴史を閉ずべきではあるまい」と言っている。大変な批判ですね。

それに対して石母田正は、「このような欠陥は古文書の技術的解釈を越えた歴史認識の基本に関することである。人民のたたかいは、結果は敗北のようにみえても、それだけの成果があり、敗北の仕方もちがってくるという観点が、本書の場合に欠けている。戦争下の自分の歴史認識の未熟が、このようなところにもあらわれているといえよう」と「はしがき」で認めているんです。

そして文庫版の最後、「第四章　黒田悪党」は、「一四三九年（永享十一）この起請文によって復活した古代世界は、外部からの征服のない限り存続しなければならなかったであろう。……われわれはもはや蹉跌と敗北の歴史を閉じねばならない。戸外では中世はすでに終り、西国には西欧の商業資本が訪れて来たのである」と結ばれる。

つまり岩波文庫版は、最初に「はしがき」で自分の不明を認めてから、本文が始まるという不思議な構成になっている。読者としてはハラハラして、ものすごくおもしろいわけね。いったいどうなるのか。これで恰好がつくのか。これはつまり、結末がわかっていても歴史は物語として書きうるということにもつながりますね。こういう歴史の書き方は、ほかにないんじゃないかな。

——否定的書評を序文に持ってくるなんて聞いたことがありません。

丸谷　日本の書評の歴史のなかで、これほどインパクトの強い書評はないかもしれない。『日本国語大辞典』の第一版が出たときの大野晋さんの書評は、存分に褒めながら痛烈極まるもので、僕はあれが日本の書評の中の最高傑作じゃないかと思っていたんだけども、竹内理三先生のこの書評もまたすごいですね。全文を読んでみたくなります。（後記。手に入れて読んだ。じつに立派な書評である。）

　批判のある書評をこのように序文におくことによって、本全体が締まってくる。ハラハラさせる。小説の話術と同じように、歴史の話術、方法だってまだずいぶん発展の余地があると思いました。

——たしかにそうではありますが、石母田正という人の精神のありようがまことに興味深いです。

丸谷　ところで、序文ではなく「あとがき」で大変な離れ業をやっている歴史書があります。ゴンブリッチの『若い読者のための世界史』。

　彼はユダヤ系のオーストリア人で、美術史専攻なんですが、オーストリアで職を得ることができなくてイギリスに渡った。それで結果的にナチスの迫害を免れました。

　大学を出てまだウィーンにいるころ、一九三五年、二十五歳の年に、出版社に頼まれて年少者向けの世界史を書いたところ好評だった。後に世界的な美術史学者になる人が書いた、おもしろい世界史です。

　この本が五十年後に再刊されるとき、ゴンブリッチの書いた「あとがき」が感動的なんですね。

彼は自分が犯した間違いを二つ認めた。

一九一八年の初頭、アメリカの大統領ウイルソンが公正な平和を提案した。そしてわたし（ゴンブリッチ）は、ウイルソン大統領はドイツ、オーストリアとした約束を守らなかったと書いた。しかしこれは自分（ゴンブリッチ）の誤りで、一九一八年のはじめドイツとオーストリアはまだ自国の勝利を確信していて、大統領の提案を無視し、そのあとの大量の犠牲ののち、自分たちの敗北を悟って例の提案を持出した。しかしもう手おくれだった。全責任はドイツ、オーストリアにあるとされた。その結果、両国の民衆は、ペテンにかけられたと感じ、絶望と復讐心に燃えた。

ヒトラーはこの絶望と復讐心を利用して人心を動かした。そして人心をあやつるのにユダヤ人問題を利用した。

それからもう一つの間違い。わたし（ゴンブリッチ）は、十八世紀に啓蒙主義の考え方が一般化したとき、人間の思想はそれまでの残忍さから離れたと書いた。そのときわたし（ゴンブリッチ）は、人間がふたたび、考えを異にする者を迫害し、拷問で自白を強要するなど、基本的人権を否定するほど堕落すると考えなかった。ところがそういう事態が起ったのだ。

第二次大戦の最後の数年間、ドイツ占領下にあるヨーロッパの国々で何百万のユダヤ人が東に運ばれ、殺されたことをわたしは知らなかったし、明らかにされたときは信じることができなかった。しかし多くの証拠が示された。

子供たちは学校でいじめということを知る。しかし子供は成長する。大人も成長しなければならない。多くの民族がいっしょに生きているこの地球では寛容と思いやりが大切である。

ここで一つ言い添えて置くことがある、とゴンブリッチはつづけます。原子爆弾はまず人間の住まない島で爆発させて、戦争についての在来の考えは無効になることを明らかにすべきだったのにアメリカはそうしなかった、と。

旧著への自己批判という形でこれだけ責任をとった歴史家は珍しいのではないでしょうか。

――あの「五〇年後のあとがき」は、歴史家が時代を生きていることをじつになまなましく感じさせます。そのことが読者を感動させる。

逸話の重要性

――さきほどお挙げになったブローデルの『地中海』については、原題のとおりフェリペ二世を主人公として歴史を語るというふうにも見えるけれども、やはりあれはエピソードの連なりで、そこにブローデルのたいへんな技術がある。歴史もまた小説に似て、エピソードがどのように有効にちりばめられているかが大きいのではないでしょうか。

丸谷　そのとおりですね。十六世紀前半、貴金属が地中海の生活に入ってきて、以後東方に向けての流出がつづいたという話が『地中海』に出てきます。ユリウス・クラウディウス時代の貨幣がセイロンで見つかる。ローマ帝国時代のアレクサンドリアでは、貴金属の流出を防ぐため、極東での買いつけはガラス製品で代替した。中世には、西ヨーロッパは金銀のかわりに奴隷(どれい)を送り出していたというような話。これはいわゆるエピソードというのともちょっと違うけれども、じつにおもしろい話で、歴史を読む醍醐味を感じます。
そう言えば宮崎市定の「東洋史の上の日本」に、こういうことが書いてあったっけ。それまで新石器時代の惰眠をむさぼっていた日本へ、青銅器文化と鉄器文化が同時に到来して、大変な騒ぎになった。人間をつかまえて楽浪郡へ持ってゆけば奴隷として買ってくれて、その代価に鏡だの刀剣だのをもらえるから大儲けできる。そんなふうにして儲けて大地主になったのが大和朝廷家のはじまりだ、というんですね。こういうゴシップ的挿話もおもしろい。

挿話の扱い方で思い出すのは、ヴォルテールの『ルイ十四世の世紀』という有名な本。第二十五章は「ルイ十四世時代の特色と逸話」。「王は、暇に飽かせて、興味本位の本を読み耽った」とか、女性関係のこととかがいっぱい書いてあって、読んでいて飽きない。しかしもっとも有名なのは、「鉄仮面」の話ですね。

――そうでした、鉄仮面が出てくるんでしたね。

丸谷　一六六一年のこと、得体の知れぬ囚人が一人、極秘裏にプロヴァンスの海にあるサント・マルグリット島に運ばれていった。この囚人は背の高い若者で、世にも端麗な風貌をしていた。囚人は道中仮面をかぶりつづけ、顔を出したら殺してしまえという命令が出ていたという。これを使ってアレキサンドル・デュマとボアゴベが『鉄仮面』を書いたわけですね。

デュマの『鉄仮面』は鈴木力衛訳。ボアゴベの『鉄仮面』のほうは明治時代に黒岩涙香が翻案して大評判になりましたが、戦後、原書が見つかって長島良三の翻訳が出ました。おもしろいですよ。ボアゴベのほうがデュマよりいいね。

ヴォルテールの『ルイ十四世の世紀』は、時代を動かした歴史書なわけだけれども、このほかにも逸話的な話がいっぱいで、目次をみても、二十五章「ルイ十四世時代の特色と逸話」、二十六章「特色と逸話　続き」、二十七章「特色と逸話　続き」、そのつぎの二十八章になると、特色は省かれて「逸話　続き」になってしまう（笑）。ヴォルテールという歴史家が、逸話をいかに大事にしたかがわかります。

司馬遼太郎があれだけ成功したのも、東大文学部日本史学科的歴史学が敬遠して扱わなかった逸話をふんだんに取り入れたからでしょう。ただし歴史のなかに逸話を入れると本論へもどるのがなかなか難しいのね。司馬さんは「余談を終える」とか実に無造作にやってしまうけれども（笑）。

——それは歴史家には難しそうですね。でも司馬遷の『史記』は、人物の逸話の集大成ですよね。歴史は逸話とともに始まっているということもできそうです。

丸谷　そうだね。『史記』っていうのは、やっぱり列伝が圧倒的におもしろくて、本紀はあまりおもしろくないな。

——列伝は歴史的人物のエピソード集。だからおもしろい。

丸谷　『史記』のような列伝のおもしろい本が日本史にはないというのは、日本の歴史家が司馬遷のおもしろさをよく学んでこなかったということですね。

——明治維新以降、東大西洋史でも東大日本史でもいいから、もうちょっと歴史の方法を考えればよかったんでしょうけれど、ランケに席巻（せっけん）されてしまったんでしょうかね。

丸谷　ランケの原典を直接読めば違ったんだと思うけれど、ランケ論のたぐいを読んでランケを読んだことにしてしまったんじゃないのかな。僕が大学に入ったばかりのとき、西洋史の教授が、「本を大事にして読まないことを漢籍では高閣に束ねると言いますけど、西洋史の研究室にいらっしゃればわかります。ランケの全集はずっと上の高いところにあって、文字どおり高閣に束ねてあります」というようなことをおっしゃった。僕は、ああ、みんなやっぱり読まないんだな、と思った（笑）。

人生論的古典主義

丸谷　逸話でいうと、日本の歴史には重大な特色があるんですね。『平家物語』でも『太平記』でも『曾我物語』でも、何かというとすぐに中国の話を持ちだして、長々としゃべる癖がある。山崎正和さんが『世阿弥』を出したすこしあと、河出書房新社の「日本の古典」といったシリーズで『太平記』の口語訳を引き受けた。そうしたらことあるごとに、長々と中国の話が出てくる。閉口して、これは本題ではないからとってしまおうと思ったんですって。ところがやってみると、作品の味ががらりと変ってしまう。おかしいな、と考えてみた。そのうちに、中世の日本人は人生に対する不安を、先進国である中国の例を規範として考えることで乗りこえていったことに気がついたんだそうです。

これには教えられましたね。僕はあれを文学的古典主義とだけ取っていたんですよ。たとえば

『平家物語』「卒都婆流」で、鬼界ヶ島に流された康頼入道が「薩摩潟おきの小島に我ありとおやにはつげよ八重の潮風」と卒都婆に書いて流す。それが厳島に流れついて法皇の叡聞に達し、重盛が清盛に見せる。ここで「蘇武」の章になって、唐土の蘇武が胡国にいけどりにされ、雁の翼に結びつけた文を故国に送る故事がたっぷりと語られる。あれと同じだと思っていた。『源氏物語』の発端に楊貴妃が出るのと同じで日本を先進国の中国に見立てて立派にする趣向だと受取っていた。

でも山崎さんによれば、文学的古典主義の前に人生論的古典主義がある。作中人物がいちいち自分のことを唐土の英雄豪傑になぞらえて納得し自分を励ます。そういう人生観が昔の日本にはあった、康頼は蘇武によって自己激励をやっていた、だからことあるごとに中国では、と出てくるんだというわけですね。これはそのとおりだと思うんです。その人生論的古典主義が歴史家たちにもあった。まあ中世日本の時代精神だったわけですね。

そこで思い出すのは『吾妻鏡』の治承四年九月十九日のくだり。八月に頼朝が伊豆で兵を挙げて、石橋山で敗れて安房に渡ったその直後ですね。上総権介広常なる大将が軍勢二万騎を連れて隅田川のほとりに参上した。頼朝は広常を、もっと早く来るべきであったと叱った。頼朝に高位を占める相がなければ討ち取るつもりだった広常は、これは立派な男だと思って従うことにしたと書いてある。

その日録の同じ日に、そのまま続けて、かつて平将門が東国で乱を起こしたとき、藤原秀郷が味方をしようと将門のところを訪れた。将門は非常に喜んで、うれしさのあまり、髪をきちんと結わずにだらしないまま烏帽子（えぼし）をかぶって対面した。その様子を見た秀郷は、すぐさまそこを立ち去って将門の首を挙げたと書いてある。これぞ人生論的古典主義の最たるものでしょう。つまり自分の大将の態度を見て、従うか従わないかを決めるのが東国武士の習わしであるという、そういう古典主義なわけですね。伝統を謳歌（おうか）している。

どこに歴史を見るか

――『吾妻鏡』は現在歴史書として扱われていますけれども、『平家物語』や『太平記』は文学とされています。しかし藤原氏の栄華を書いた『大鏡』も、『平家』や『太平記』も、もともとは歴史書として読まれてきたんでしょうか。

丸谷　もちろんそうでしょう。もっと正確に言えば歴史と文学とは未分化の状態にあった。それで一向かまわなかった。

――長いこと日本人は、『平家』を自分たちの歴史の物語として考えてきたということですね。でもいまは、『太平記』『平家物語』など古典文学全集に入っているものと、『吾妻鏡』のようにそうでないものとに分けられてしまっています。

丸谷　『吾妻鏡』は吉川弘文館で出す。『大鏡』は岩波書店で出す。そういう違いじゃないでしょうか。

――比喩（ひゆ）的に言うとそうなりますね。

丸谷　あれはランケ以後の分類を日本の歴史に窮屈に当てはめた結果なんじゃないかな。

史実と伝承と先ほど言いましたけれど、伝承のなかにはもちろん信用できないものがいくらもまじっている。たとえば源為朝（ためとも）の家来に「八丁つぶての紀平治」というのがいます。何かのときに、八丁ってどのくらいの距離かと調べたら、東京ドームのキャッチャーのところから外野席を越えて、もっとずーっと先なのね。

そんなところまで投げられるはずがないから八丁という数字は誇張だろう。しかし八丁が誇張だからといって、為朝の家来につぶての名人がいたというところまで否定するのはおかしい。ところが歴史学というのは、算術的な合理主義というか、プラクティカルな立場を重んじるあまり、存在すら否定したがるところがある。少なくとも古代中世の日本人がつぶてを投げることによって戦っていたのは本当なわけです。中沢新一さんのお父さんの中沢厚が書いた『つぶて』という本を読めばわかります。弓矢以外の武器としてつぶてが非常に大事だったことは明らかなんだ。つぶてを投げる戦は、おそらく中世だって室町だって戦国だって、いっぱいやっていたろうと思うんですよ。そういうことは第一次文献には記録がなくても、『平家物語』なんかにはちゃんと出てくる。だからしっかり読むべきだと思うんですね。最近は絵巻を使う研究がよくあるでしょう。同じように、歴史物語を使う研究がもっとなされていい。

——山本淳子の『源氏物語の時代』という本は、『大鏡』と『源氏』を融通無礙（むげ）に行ったり来たりして一条天皇の時代を現出させる方法をとっていますが、それはきわめて新しい方法かもしれませんね。

丸谷　そうでしょう。その山本さんの本、読んでみます。

　今回ブルクハルトの『イタリア・ルネサンスの文化』を読みなおしたんですけれど、おもしろくてね。やはり傑作ですね。人間の生活のなかで、ふつうは取り上げないことを取り上げている。たとえば第五章「社交と祝祭」では、身分が平等になって生活が洗練され、社交の基礎としての言語が磨かれたこと。完璧（かんぺき）な社交人とはどういうものかが探究されるようになり、婦人の地位も向上したこと。すると家庭はどんなものになり、都市の祝祭はどんなに高級で華やかなものになっていったか、というようなことを論じている。目のつけどころが実にしゃれている。

　第一章は「芸術作品としての国家」という題で、さっきも言った小国、フィレンツェという国やヴェネツィアという国が、みな芸術作品のようにできていたということが書いてあり、さらには「芸術作品としての戦争」という項目まである。こういう把握の仕方は、一般的な歴史家のものの見方とはまるで違う。見立ての才能が違うんだね。一般史、つまり政権の交代とか王国の盛衰とか、そういうところでないところにも歴史を見たわけでしょう。これはのちのアナール派とか、もっと現代に近づくとカルチュラル・スタディーズとか、そういう新しい歴史研究の方法の始まりでしょう。

　エピソードの使い方もうまい。シエナを敵から守った傭兵（ようへい）隊の隊長を、どのようにねぎらったらよかろうかと市民たちが論じあった話が出てきます。報酬なんかではとても贖（あがな）えない偉大な功績だということになって、考えたあげく、隊長を殺してシエナの聖者としてあがめることにした。こういう話を本の初めのほうに平然と置くのがブルクハルトという男なんだね。

――それは民俗学とアナール派に通じる発想ですね。フレイザーの『ゴールデン・バウ（黄金の枝）』の冒頭の「殺される王」にも通じます。

丸谷　そう、民俗学的な話だものね。イタリア・ルネサンスが太古の昔と対をなすような感じになって、とても怖いんだけれども、じつにおもしろい。

歴史家の文体

――このへんで歴史家の文体について論じていただきたいと思うんですが。

丸谷　歴史家の文体ということですぐに思いつくのは、美文とか雄弁とかいうことですね。ことに昔の歴史家はすごかった。たとえば頼山陽『日本外史』の最後、十一代将軍家斉（いえなり）を扱ったところ。本当はこのあとに「徳川氏論賛」があるんだけど、まあ、ここで終りと言ってもいい。

浚明公、嗣なきに及んで、今の公、一橋より入りて世子となる。名は家斉、実に有徳公の曾孫（そうそん）なり。職を襲（つ）ぐに及び、復（ま）たその政を修め、賢に任じ能を使ひ、百廃悉く（ことごと）く挙る。在職最も久し。左大臣に累遷し、遂に太政大臣に拝せらる。固辞すれども命を得ず。また世子家慶を以（もつ）て、従一位・内大臣に進めらる。ここにおいて、掃部頭（かもんのかみ）井伊直亮・越中守松平定永をして、入朝して恩を謝せしむ。源氏・足利氏以来、軍職に在つて太政の官を兼ぬる者は独り公のみ。蓋（けだ）し武門の天下を平治すること、ここに至つてその盛を極むと云（い）ふ。

野口武彦さんは「その盛を極む」というのはもうこれからは下降だという意味だと指摘してますが、それを含めてレトリックの芸を尽してますね。山陽はそれをやりたくて『日本外史』を書いたんでしょう。読者もそれが目あてだったし。一体に昔はそういう気風だったんです。

でも、歴史の美文となるとまず頭に浮ぶのは石田幹之助の『長安の春』、特に出だしのところですね。豪奢きわまりない。

> 陰暦正月の元旦、群卿百寮の朝賀と共に長安の春は暦の上に立つけれども、元宵観燈の節句の頃までは大唐の都の春色もまだ浅い。立春の後約十五日、節は雨水に入つて菜の花が咲き、杏花が開き、李花が綻ぶ頃となつて花信の風も漸く暖く、啓蟄に至つて一候桃花、二候棣棠、三候薔薇、春分に及んで一候海棠、三候木蘭と、次々に種々の花木が撩乱を競ふ時に至つて帝城の春は日に酣に、香ぐはしい花の息吹が東西両街一百十坊の空を籠めて渭水の流も霞に沈み、終南の山の裾には陽炎が立つ。（中略）時は穀雨の節に入つて春は漸く老い、照る日の影も思ひなしか少しづつ輝きを増して空も紺青に澄んでくる。滻・灞二橋の袂に柳の糸を撫でて薫風が爽かに吹き渡ると、牡丹の花が満都の春を占断して王者の如くに咲き誇り、城中の士女は家を空しくして只管に花の跡を追うて日を暮らす。

まだまだ引用したいけど、よしましょう。あのころ、歴史は芸術だったんです。

——美文でもあるけれど、それ以上に唐の文明の絶頂期を髣髴させるところがすごい。

丸谷　美文や雄弁の変形としては、さまざまな引用があります。『平家物語』なんかでも、和歌を引く、漢詩を引く。『史記』を見ても、ことに列伝ではいろいろな人の名ぜりふを引くでしょう。

——『史記』は引用の連続ですものね。

丸谷　また石田幹之助になりますが、歴史書における引用の最高のものは、『長安の春』だと思います。「牡丹濃艶人心を乱し、一国狂ふが如く金を惜まず」とか、『全唐詩』から牡丹の詩をひろいあげている。あの本は明治維新後の日本文学の傑作の一つに数えていいのではないでしょうか。

——まったく、唐文明の高さが一冊の歴史エッセイ集に封じこめられている観があります。

丸谷　ところでレトリックには、言葉の芸とか言いまわしの妙とかいう意味のほかに、論理的に主張して相手を説得する技術という意味がありますね。つまり弁論術。こちらのほうのレトリックを使わせたら一番上手なのはギボンですね。

『ローマ帝国衰亡史』第二巻の第十五章、キリスト教の発展、初代キリスト教徒の思想、風習などについて書いた章を読むと、腕の冴えがよくわかります。キケロが古代哲学者たちの霊魂不滅の問題に関する無知や誤りをどんなに見事に描いているかを紹介して、ひどく深遠そうに見えるけれど結局これは来世への願望希願にすぎない、と葬り去ったあとで、宗教にとって重要不可欠なこの教理がもしもパレスチナの選民ユダヤ人にだけ啓示されていたのなら、さぞかし明快な言葉で示されていただろうに、と述べ、ところがモーセの律法には霊魂不滅の教義がない、と指摘する。万事こういう調子で、じつに巧みにキリスト教をからかってゆくんです。論法が悪質だよ。法廷におけるペリー・メースンみたいな気がする。

――なるほど、そういうふうに読みとっていけるんですね。あのへんは、たしかにキリスト教のうさんくささが伝わってきます。

丸谷　もっと普通の、いわゆるレトリックについていろいろ言いましょうか。たとえば慎重な口調なんてのもそれでしょう。

――留保をつける口調ですね。

丸谷　ブローデルの『地中海』の第三巻に、十六世紀のマルタ島の戦争のことが書かれている。そこに、「しかしこのような変化と変化の影響を正確に年代確定する困難は相変わらず残っている。いくつかの線、いくつかの見通し、我々に見えるのはそれだけである。同じく、ヴェネツィアの艦隊に大砲を備えた恐るべきガレー船、つまり〈ガレアス船〉（技術的に言えば、たぶんレパントの海戦の勝利の原因である）が出現するのは一五五〇年であるとすれば、コンスタンティノープルからアレクサンドリアの行程で、トルコ人自身によって世紀末に使われるのが不意に見られる武装ガリオン船の地中海における発展を十分に理解していないことになる」と、こういう妙な言い方をするんですよ。学問的良心と話術とのおもしろさをねらっているんでしょうね。

いまのは必ずしも最上の例ではないけれども、歴史家というものはこういう種類の変な言い方をするわけですね。もう一度、ギボンの『ローマ帝国衰亡史』。コンスタンティヌス大帝がキリスト教に改宗したくだりを見てみましょう。大帝の真の改宗は厳密にいっていつだったか。第二十章、三三七年ですね。

コンスタンティヌス帝宮廷の中枢にいた雄弁家ラクタンティウスは、コンスタンティヌス帝のこの輝かしい垂範を世界に誇示するに一心だったらしく、彼がすでにその治世の当初から真実唯一なる神の偉大を認め、かつ尊信していたとしている。また碩学エウセビウスは、大帝の信仰動機を彼がイタリア遠征を考えての準備中、たまたま天の一角に仰いだ奇蹟の十字架異象によるとしている。だが、史家ゾシムスはまことに意地悪く……。

これは両論併記による留保です。さらに言えば書き手は、歴史というものに対する不信の念をみずから表明している。ギボンというのはシニックな男でね。ずいぶん高い教養を積んだイギリス人の男が、フランス的な教養を身につけたわけでしょう。だから両方のいいところ悪いところを身につけて、相当にたちの悪い男ができちゃったんですよ（笑）。

――ギボンは、歴史というものを必ずしも全面的に信頼してはいないという態度を見せることによって、自分の歴史の価値を高めているようなところがありますね。

丸谷　現代人が歴史というものに対して抱く懐疑的な態度、それを十八世紀的な大変洗練された形で見せてくれるでしょう。だからわれわれは、この人は何か信用できるとか、われわれの同類だとか、そんなふうに思うんじゃないでしょうか。

――その後現代まで、歴史家の語り口というのは、もっと洗練されてきていますか。

丸谷　ホイジンガの『中世の秋』なんかじつに華麗ですね。「愛の理想、つまり誠実とか自己犠牲という美しい虚構は、当時の結婚、特に貴族の結婚が結ばれる時の極度に物質的な思惑の中に入りこむ余地を見いだし得なかった。この美しい仮構は、魅惑的な、あるいは心たのしませる遊戯の姿を借りて、やっと体験されたのである」なんて調子でね。ピーター・ゲイもずいぶん洒落ていています。文章うまいんじゃないかな。彼のレトリックの特徴は列挙です。これでもかこれでもかと例を並べて説得しようとする。あれは物量作戦ね（笑）。和辻哲郎の『鎖国』も文章うまいです。もう少し無遠慮に書いてくれたらもっといいんだろうけど。

――内藤湖南なんかも話術がすごいですね。レトリックの塊みたいな人。

丸谷　内藤湖南、いいですね。歴史を見通すパースペクティブみたいなものが鋭いでしょう。だからあれだけすっきり物が言えた。史眼という見通しがあったから、おのずから歴史的レトリックがついてきた。

――日本史では室町時代以降しか必要ではないという、あの語り口のすごさ。日本には日本史よりも東洋史の領域で歴史読み物のいいものがありますね。さっきの石田幹之助の『長安の春』もそうですし。

丸谷　一つには、東洋史の場合には言論の弾圧がなかったからでしょうね。

――うーん、なるほど。中国各王朝の宮廷批判がちゃんとできたわけですね。

丸谷　南朝が正統という『太平記』に拠ってたつ歴史観も、そろそろ検証されないといけないでしょう。高柳光壽の『足利尊氏』なんか非常にいいものでしてね。楠木正成の書よりも足利尊氏の書のほうが上だなんて言ったり、北朝の天皇は南朝の天皇よりも性格がおだやかだから足利氏との関係で一体に損をしているなんて論じたりしておもしろいんだけど、でも戦後まもない時分の仕事だからまだ遠慮がある。僕は南北朝時代史をアメリカ人の学者がやったらいいと思ってるんですよ。遠慮気がねがないからズバズバやれる。それに南北戦争は彼らにとって痛切な話題であるはずだし（笑）。アメリカ人の日本史研究はいいですね。ヘルマン・オームスの『徳川イデオロギー』とか『徳川ビレッジ』とか、注目すべき本です。清新な態度で徳川時代に立ち向かっている。語り口もうまいしね。

一体にアメリカ人の書く歴史は話術が上手な傾向がありますね。これは文学史型の文芸評論に名作が多いことでもわかる。エドマンド・ウィルソンの『フィンランド駅へ』や『愛国の血糊』、マルカム・カウリーの『ロスト・ジェネレーション』、みなそうです。歴史のない国だから歴史にあこがれるのかもしれない。

（二〇〇八年八月十八日、東京・虎ノ門）

【批評】学問とエッセイの重なるところ

批評とは何か

――いうまでもなく、丸谷さんは小説家であると同時に批評家でもあります。ですから、以前長篇小説や短篇小説について丸谷さんにうかがったときと同じような気分があって、批評家に批評とは何かを聞くということになるわけです。言葉を換えていうと、専門家である、ということでしょうか。そして専門家だから話が難しくなるというのではなく、逆におもしろい話を聞くことができるはず、と思っています。

まず初めに、近頃ではそういう議論がほとんど聞かれなくなっているのですが、批評とは何か、という大上段に構えた設問に対してお話をうかがいたく思います。

丸谷　僕が小説家でありながら批評を書くのは、イギリスの小説家の態度のまねなんですね。たとえばグレアム・グリーン、短い書評を書かせてもうまいし、長い批評でも非常に読ませるし、いいんですよ。V・S・プリチェットなんていう小説家のばあいもそうですね。そういう小説家たちを尊敬しているから、批評を書くようになったんです。

それから友達に批評家が多いということもあるでしょうね。篠田一士とか川村二郎とか、菅野昭正とか清水徹とか。大岡信（まこと）だってそうだし、山崎正和はもちろんそうです。友達に批評家が多い。それにさっきいったイギリスの小説家兼批評家を尊敬している。それでごく自然にこうなっちゃったんですよ。

うん、それから、僕は近代日本文学に対して懐疑的だったから、その疑問を明確にしたいという気持はもちろんあった。

ところで、いま名前が出た川村が、集英社の『世界文学事典』の「批評」という大項目を書いていて、これがなかなかおもしろいものなんです。文学批評とは何かということで、こんなふうにいっている。

学問とエッセイがそれぞれ一つの円であるとすれば、学問という円とエッセイという円、二つの円が重なった部分が批評である、と川村はいってるんです。批評の原理を端的に説明していていいと思うんですが、しかしそれ以上にいかにも川村の批評はそういうものだったなという感じがします。

そしてこの「批評」という大項目で、川村が意外にもこだわっているのは、ルカーチという批評家なんです。

——不思議ですねえ、ルカーチ（一八八五〜一九七一）というのが。ハンガリーの批評家・思想家で、マルクス主義系のひとでしょう。川村さんとはどうも結びつきません。

丸谷　川村が尊敬しているルカーチというのは、われわれがふつう思い描いているマルクス主義の批評家ではないんです。それ以前の、『魂と形式』というエッセイ集を書いた、初期のルカーチ。イギリスの世紀末のペーターとかワイルド、それから二十世紀初めのオーストリアのホフマンスタールなどに非常に親しんでいた、そして審美主義的な批評を書いたルカーチに、川村はぞっこん惚れこんだ。『魂と形式』も彼自身が訳しているはずです。

　ほんとうに川村はルカーチにこだわっていた。初期の審美的批評家としてのルカーチ、マルクシズム批評家としてのルカーチ、このどちらにもじつは徹底していない、中途半端である。そういって非難する人がいるだろうけれど、自分はそんなふうに非難する態度は嫌いだみたいなことをいっていた。居直っているんだね、あれは（笑）。

――おもしろいですね。川村さんがおそらくいちばん好きだった日本の批評家は保田與重郎でしょう。そのことを考えあわせてみると、おもしろいとは思いますが、いっぽうではよくわかりません。

丸谷　保田與重郎は尊敬していたなあ。僕が保田について何かいうと、いつも川村に叱られた。大体の評価は川村と僕はそう違わないんだけれど、大きく対立するのは一人は保田與重郎、もう一人は林達夫。林達夫は川村にかかるとこてんぱんなんだ。僕はご承知のように尊敬してるでしょう。それで詳しく聞いてみたことがあったけれど、よくわからなかったし、全然納得がいかなかったな。

ところで批評についての川村の定義、学問の円とエッセイの円が重なる部分が批評であるという定義。これは川村にはぴったり合うとさっきいったけれど、川村が大好きな保田與重郎に合うかどうかは疑わしいし、川村が大嫌いな林達夫にはぴったり合いそうな気がするし、なんだかヘンなぐあいなんですね。

折口信夫と小林秀雄

丸谷　現代日本の批評の代表者は小林秀雄だけれど、川村理論を当てはめて考えてみると、小林秀雄という人はエッセイという円は大きかったろうけれど、学問という円は小さかったんじゃないかな。

一つ例をあげてみると、小林秀雄は折口信夫を訪ねて本居宣長について質問したことがあった。長い時間、語り合ったあげく、折口信夫は小林秀雄を大森の駅まで送っていって、「小林さん、本居さんは『源氏』ですよ」と念を押すようにいうんですね。そのことは小林秀雄の『本居宣長』に書いてある。けれども、小林秀雄の文章をいま読んでみても、折口さんに何をいわれたのか、小林さんはわかっていないと僕は思うんだ。

折口さんは、相手がわかっていないと思って、本居さんの本領は『源氏物語』ですよ、『古事記』じゃありませんよ、ともう一度念を押した。折口さんは、あ、この人は考え違いしている、本居宣長は『古事記伝』の人だと思っているようだと思っても、それを率直にいえないいんですね。

折口信夫は上方の、女系家族のなかで育った人で、独得のいい方というか伝達の仕方があるんですね。折口さんは、小林さん、あなたは間違っていますよ、と相手の面目をつぶすようにはいえなかったんだと思う。そこで感じとるべきだったんだね、ほんとうは。小林秀雄はどうも宣長をしっかり読んだとはいい難いし、折口信夫をもしっかり読まなかったろうと思うんですよ。

『折口信夫全集』十六巻、二二五〜二二六ページには、

本居宣長先生は、古事記の為に、一生の中の、最も油ののつた時代を過された。だが、どうも私共の見た所では、宣長先生の理会は、平安朝のものに対しての方が、ずつと深かつた様に思はれる。あれだけ古事記が訣つてゐながら、源氏物語の理会の方が、もつと深かつた気がする。

先生の知識も、語感も、組織も、皆源氏的であると言ひたい位だ。その古事記に対する理会の深さも、源氏の理会から来てゐるものが多いのではないかと言ふ気がする位だ。これ程の源氏の理会者は、今後もそれ程は出ないと思ふ。

要するに、儒教と仏教が到来するまえの日本には色好みという信仰もしくはモラルがあって、その体現者が光源氏だという認識がいちばんの基礎にあるわけです。僕の考え方でいうと、色好みの道というのは、父系の社会のものではなく、母系家族的社会のモラルが色濃く残ったんでしょうね。仏教も儒教も父系社会のモラルであり、どっちも色欲に対して戒律的です。色好みの道

という古い、基層にある価値観を光源氏によって無遠慮に発揮させる。そこで三つのモラル、価値観がぶつかりあうから、『源氏物語』はあれだけおもしろくなったと思っています。たぶん折口信夫にこれをいえば承知してもらえるんじゃないかなと思うんだけれど、小林秀雄は僕のいうことはわからないだろう。

――折口信夫対小林秀雄の、「本居さんは『源氏』ですよ」というエピソードはおもしろいですね。小林秀雄への批判ということもありますが、折口自身が本居宣長をどう考えていたかということが語られているわけですね。

丸谷　色好みの話で、こういうエピソードがあります。本居宣長が亡くなったとき、弟子たちが本居家に集まって、酒を飲みながら口々に先生の偉大さをたたえ、あんな偉い学者はもう出ないみたいなことを語りあっていた。そしたらお酒を運んでいた本居家の女中の一人がワーッと泣きだした。みんながどうしたんだと問いただしたら、その女中いわく「そんなに偉い先生だとはわたしは知りませんでした。毎晩のようにわたしの部屋に来て、一緒に寝ようというのを、わたしは邪険に断ってばかりいました」って。

――それはどこに書いてあるんですか（笑）。

丸谷　岡野弘彦さんから聞いたんです（笑）。本居宣長の「色好み」というのは、そういう次元のことまで含めたうえで考えなければならない、というのが岡野さんの説でした。

日本に学者はいなかった

——学問という円とエッセイという円が重なる部分が批評という説からすると、近代日本の批評はどうも学問という円の部分がどうなっているのか釈然としないところがあるようですね。

丸谷　学問という円がすごく小さかったり、遠くにあったりするんですね。重ならない。それはなぜかということを考えると、近代日本文学では学問が軽蔑（けいべつ）されていた。そういう気風が根強くあって、たとえば明治三十年代の自然主義文学の隆盛期では、夏目漱石があれだけ軽蔑されたわけです。

僕がいちばん痛切にそれを体験したのは、日本文学大賞のときだったな。第一次候補作として司馬遼太郎さんが山本健吉さんの『詩の自覚の歴史』を挙げた。そうしたら丹羽（にわ）文雄さんが、「こういうのは批評というものかいな。これは学問だな。批評というのは小林の書くようなものだ、これは批評じゃない」といったんだよ。それに対して司馬遼太郎は少しも騒がず、「丹羽さんのおっしゃるお気持はわかりますが、しかしどうでしょう、丹羽さんたちはそれをあまりいい過ぎましたね。そのせいでいい批評家が出なくなったじゃないですか」といった。

僕はそれを受けて、次のようなことをいった。小林秀雄の批評が批評の原型であるというお話でしたが、しかしそれ以後の批評家が小林秀雄にまさる面はあるんです。小林秀雄の文章は威勢がよくて歯切れがよくて、気持がいいけれど、しかし何をいっているのかがはっきりしない。中村光夫や山本健吉の文章は歯切れのよさという点では小林秀雄に劣るかもしれないが、少なくとも何をいっているのかはよくわかる。そういう意味で、小林秀雄の批評は明治憲法の文体に似ている。気持のいい文体という人もいるが、私には何のことをいっているのかよくわからない。そこへゆくと中村光夫や山本健吉の文章はそういう爽快さはないけれど、内容を伝達する能力は高い。その意味でこれは現行憲法みたいなものである。そういう話をして、まあそのときはむにゃむにゃと結論が出ないまま散会した。結局は『詩の自覚の歴史』は候補に残って受賞したんですが。

翌年だったか何かのパーティーで司馬さんに会ったら、「例の小林秀雄は明治憲法で中村光夫は現行憲法という話ね、あれを講演のときに使うと非常に受ける、どうもありがとう」というような挨拶があった。

要するに山本さんの批評が学問であって批評じゃないという考え方、これなんかは川村説と全く対立するものなわけでしょう。僕はおもしろいなと思うんですよ。それで、文学者たちがなぜ学者を軽蔑したか。

明治大正のころの日本の学問というのは、西洋の学者の口真似だったんですね。岩波の「哲学叢書」というのがあったでしょう。いちおうだれそれの著と、日本人の著者がいるわけだけれど、あれはみんな西洋人の本を口真似しただけの本なんです。祖述という、一種の翻訳みたいなものなわけ。それを見て知っていたから、文学者たちは模倣にすぎないと馬鹿にしていた。

当時の日本の小説家たちにとっては、いちばん大事なことは自分の本音を吐露することだった。

すなわちそれが自己を表現するということだったわけです。そのばあいに、自己を表現するというのはきわめて素朴に考えられていて、自分がしたことを書く、ということになった。それが私小説ですね。

だから日本の文学者は学者というものを見たことがない、聞いたこともない状態で生きてきたわけですよ。西洋のほんものの学者を見ればよかったのでしょうが、本を読んだだけでは、ここにほんものの学者がいるということがわからなかったんでしょう。

——漱石が『吾輩は猫である』を書いたのは明治三十八年ですが、その前年に田山花袋の「露骨なる描写」という一種の宣言があり、明治四十年には花袋の「蒲団(ふとん)」が出て、私小説は以後日本の文壇の主流になっていくんですが、その流れと、学者の学問が軽蔑され、かつ批評家の学問も軽視されるというのが、ぴったり一致していますね。学問的なものが入ると拒否反応があるというのは、丹羽さんの例がよく語っているようです。

丸谷　丹羽さんは、そういう文壇の空気をおそらく学生時代から呼吸してやってきたんですね。

——そういう風潮からいちおう超然としていたのは、やはり鷗外と漱石なんでしょうね。昭和三十年代ですが、高校の文学史の副読本を読んでいて、夏目漱石は余裕派ということが書いてあって、余裕派ってなんだろうとずいぶん戸惑った経験があります。

丸谷　あれは、自然主義文学を指して、余裕がない文学だというようなことを漱石がいったんですね。頭の悪い文学史家がそれを使っていったんじゃないかしら。もちろん自然主義の連中が、漱石を余裕の文学、遊びの文学として否定的にあげつらったせいもあるでしょうけれど。

ジョイスをめぐる学者たち

――このへんで、文学にたずさわる西洋の学者がどういう仕事をしているのか、いくつか例を出してお話しいただけませんか。

丸谷 そうですね、欧米のほんとうの学者というのは、知識も膨大だし、文学史的視野がものすごく広いし、さらには文学的感受性が十分に鋭い。

ハリー・レヴィンというアメリカの学者がいます。大学を卒業したばかりの頃、ジョイスの『フィネガンズ・ウェイク』の初版が出た。これがたしか一九三九年。その書評を、レヴィンは「ニュー・リパブリック」というわりに左翼的な高級週刊誌に書いた。ジョイスはそれを読んで大いに感心した。ちょうどアメリカの出版社から、ジョイス論を何か出したいのだけれど、だれに書かせたらいいかと相談を受けていた。ジョイスは返事を遅らせていたんですが、ハリー・レヴィンを推薦し、レヴィンが執筆することになった。

ジョイスは『フィネガンズ・ウェイク』を書いて、四一年の一月に死んだ。五月か六月に、レヴィンの『ジェイムズ・ジョイス』という本が出たんです。レヴィンは、近・現代小説専門の学者ではなく、ダンテとかミルトンとかが専門だった。それで、ジョイスの文学における近代文学以前的なものがつぶさに理解できた。ある意味では、あの頃から近代文学以前と現代文学との関係を考えるということが学問の世界の流行になりつつあったし、さらにいえば詩人や小説家がみな近代文学以前のところを探りながら書こうとしていたわけです。T・S・エリオットの詩などはその代表だし、ヴァレリーの詩だってそういえるんじゃないかな。

ハリー・レヴィンはその本のなかで、クルツィウスというドイツの学者・批評家が一九二九年に書いた論文「ジェイムズ・ジョイスと彼の『ユリシーズ』」に言及してるんです。クルツィウスはそのなかで、『ユリシーズ』では作者が自分の力で地獄を創造しているということをいってます。独創的な批評になっています。

ヴィヴィアン・マーシアというアイルランドの学者が、「ジェイムズ・ジョイスと多言語文体の伝統」という論文で、『若い藝術家の肖像』に見る言葉遊びをきれいに分析してみせている。要するにラテン語を勉強させられる学生が英語にラテン語の語尾をつけてふざけた言葉をつくるんですが、僕はこれと非常によく似てるのが、江戸の狂詩だと思いました。江戸の狂詩は、日本語の俗語を漢詩のなかにどんどん入れてつくった。荻生徂徠（おぎゅうそらい）の弟子たちがそういう遊びをやって、その滑稽感（こっけいかん）をおもしろがったんですが、そういうものと対応すると思うんですよ。そして蜀山人（しょくさんじん）＝大田南畝（なんぽ）は狂詩の名人ですが、同時に徂徠の孫弟子くらいに当るでしょう。

マーシアのこの論文は、僕が編纂（へんさん）したジョイス研究の本のなかに高橋康也訳で入っています。マーシアには『アイルランドの喜劇的伝統』という名著があるんですが、非常にいい本で、それこそ康也あたりが訳してくれるとよかったのに、と思ったりします。

もう一つ、偉い学者の書いた批評をあげておきます。アウエルバッハの『ミメーシス』。川村や篠田のやった訳がありますね。これは「ヨーロッパ文学における現実描写」という副題がついているんですが、その第二章の論考がきわめてあざやかで、いまでも覚えています。まずペトロニウスの「トリマルキオの饗宴（きょうえん）」（つまり『サテュリコン』）、タキトゥスの『年代記』（これは歴史ですが）などをあげ、その描写の特質を論じる。古代のリアリズムの限界を指摘するんですね。そしてこんどは『新約聖書』「マルコ伝」を論ずる。ペトロが三度、イエスを否（いな）む、「そんな人は知らない」という個所を引いている。三度否んだ弟子がイエスのことを思い出して悔む。それでイエスに対する信仰が以前にも増して強くなる。そこのところを引いていう。同時代の日常的事件から平凡な庶民の心のなかで精神が劇的に動きだすありさまを描いたこの「マルコ伝」は、描写のありかたが革命的に改まった世界史的事件だった。描写がですよ。

こういう精神の運動は、古典時代の道徳主義も修辞学も入りこむことができないものだった、というんです。喜劇にするには厳粛にすぎる。悲劇にしては日常的。つまり同時代の、身分の低い人間の話にすぎないということです。結局、ペトロニウスとかタキトゥスは上から見ている。そして彼らは高い教養のある階層のために書いた。ところが『新約聖書』――ご承知のように最初はギリシア語で書かれたんですが――、これは庶民をはじめあらゆる人のために書かれた。このところで、古代文学のなかで初めてリアリズムが出てきたのだといってるんです。こういうのを見ると、やはり学者には偉いやつがいるなあと思うわけですね。

そこでわが国を振り返ってみると、明治の自然主義作家から丹羽文雄に至るまで、日本の小説家は傑出した学者の存在を体験しなかったし、批評家もまたそうだったんだと思う。そこで川村のいう、学問の円とエッセイの円が重なる部分なんてものがなかったわけですよ。

――『新約聖書』をそのように読み解くというのは、じつに斬新ですね。

丸谷　別ないい方をすると、イエス・キリストは話術の天才なんですね。それが『新約聖書』に受けつがれた。この話術があったからこそ、キリスト教は世界史を支配することができた、といえるでしょうね。

批評家を尊敬する気風

丸谷　しかし、現代の批評から少し離れて、批評はどういうところで成立するのかと少し考えてみましょうか。日本文学史をたどってみると、これは僕の持論なんですが、日本は大昔から批評家がものすごく尊重されていた国だった。こういうのは他の国では見られないんじゃないかと思うんです。

たとえば『古今集』の撰者の一人、紀貫之などは大批評家なわけでしょう。さらには藤原俊成、定家という父子。千利休、本阿弥光悦。彼らはみんな批評家でしょう。定家卿に対する江戸時代の尊敬なんてすごかったんです。批評家を尊敬するそのような気風があったからこそ、岡倉天心や小林秀雄に対する尊敬とか吉田秀和に対する尊敬とかがあると思うんです。こんなにみんなが大批評家を尊敬する国というのは、他にあるかなあ。

――それはちょっと虚をつかれる意見ですね。批評家に対する尊敬が現代まで来ているということが。

丸谷　たとえば蜀山人＝大田南畝の人気を考えてみても、狂詩、狂歌の名人に対する評価と批評家に対する尊敬が入りまじっているでしょう。芭蕉(ばしょう)や正岡子規に対する尊敬にもそれがある。歌仙のときのさばき、あれは一種の批評だし、この句をとるとらないも批評。そんなふうに考えてゆくと、日本文化は非常に批評家を重視する文化なんですよ。平安時代以来、歌合わせのときの判者、また和歌の勅撰集の撰者というぐあいに、和歌というものがあるために批評家が必要だった。それを宮廷がつくった。宮廷の権威と和歌の力が結びついたときに、批評家というものが出てきた。それが日本文化の伝統になったと思うんですね。

吉田健一さんが、日本人にはどういうわけかモダニズム文学が向いている、といってます。要旨をまとめると、日本に入ってきた外国文学のなかで、いちばんぴったり合ったのはモダニズム文学である。自然主義文学もプロレタリア文学も、そう日本人には愛されなかった。ところが、モダニズム文学はそうとう日本人の気に入ったようだ、というんですね。

吉田さんのいうモダニズム文学というのは、横光利一、川端康成、あるいは梶井基次郎あたりでしょうね。モダニズム文学がよく合ったというのはそのとおりだと思うんですが、その理由が二つ考えられます。一つはやはり審美的だから。もう一つは批評的な、知的な文学だからということがあるんじゃないか。モダニズム文学というのは、ヴァレリーやジッドのばあいでも、T・S・エリオットの、あるいはトーマス・マンのばあいでも、批評が主導的な立場をとる、そういう文学なんですよ。その点、日本の古典文学とよく似ていると思う。俊成や定家が支配し主導していた文学と、エリオットやヴァレリーが主導していた文学が合うんですよ。

――『新古今集』はたしかにモダニズム文学に合います。しかしその説は、明治以降はどうかとなると、ちょっと違ってくるような気がするんです。

丸谷　そう、僕もそう思う。そこが近・現代の日本文学の不幸だったのだけれど、でも不幸ながらにも、たとえば正岡子規が短詩型のあり方を通じて一文明を指導した。同じく小林秀雄が指導した、吉田秀和が指導した、そういうことはあるんですね。

――そういわれると、たしかに。

丸谷　ところで、日本の批評というのは、歌話というものだったと思うんです。歌の話。これは中国の詩話というのを日本に当てはめてみたものなんです。中国の詩話は詩人の詩作を論評するものですが、およそ二つの意味があります。一つは、詩歌の源流、文体、故実、出典、詩人の逸話について語る。これは北宋時代に始まるもので、欧陽脩『六一詩話』によって詩話という言葉が定着した。もう一つは、明以後になると詩話の批評性がぐっと増して、清になるとより理論的、体系的になった。それが詩話だといわれているのですが、逸話的な詩話のなかで僕が大好きな話が一つあります。

　明の頃だったかな、ある男が山を渡って歩いてゆく。すると農夫が畑を耕している。耕しながら歌を歌っているのだけれど、何だか聞いたような歌だ。注意して耳を傾けてみると、なんとそれが杜甫の絶句だった。杜甫の絶句を次々に自己流の節をつけて歌っていたんですね。

　おかしな農夫がいるものだと思って、その旅人は農夫に近寄っていって「何でそういう詩を知っているのか」と問うた。農夫が答えていうには、「いつぞや私のところに旅人が来て一晩泊めてくれというので泊めてやった。そしたら、何もお礼はできないがこれを置いていくといって、表紙のない本を一冊置いていった。それで読んでみたらえらく口調のいい、気持のいい文句が書いてあったので、暗記して仕事をしながら歌うことにしてるんだ」。男は、「それは杜甫という人の詩だ。おまえはいいことをしているな」と褒めて別れた。翌々年、男は同じ山をまた歩いた。そこにはその農夫は耕していず、農夫の家ももうなかった。そういう話が、詩話には書いてあるんです。

僕が詩話が好きなのは、詩と人間、文学と人間の関係が実に哀れ深い趣で語られているからなんですね。そういうのが日本に渡ってきて、こんどは歌話ができた。

こんなのがあったな。『袋草紙』という本にある話。歌を詠みかけられると、返しをしなきゃならない。あれは難しくて困る。詠みかけられたとき、どうしのげばいいかという心得が書いてある。答えはあっけにとられるほど簡単で、聞こえなかったふりをする（笑）。聞こえなかったふりをして、相手が何度か詠みかけてきたら、「ん?」とか「うん、うん」とかいろいろやっていると、向うは嫌になって行ってしまう、そういうことが書いてあって、これも歌話なんですね。

——『袋草紙』っていつ頃のものですか。

丸谷　平安末期じゃないかな。

——歌のやりとりの大変さを考えると、実にリアリティがありますね。誰もがとっさにうまい歌を返せるわけじゃありませんからね。

丸谷　こんどは日本の詩話のこと。時代がぐっと下って、江戸の文化の頃、菊池五山という漢詩人が、遊んでばかりいて生活に困って、三十九歳のとき「五山堂詩話」という漢詩の雑誌みたいなものを発刊した。清の袁枚の『随園詩話』を真似たもので、江戸の漢詩人たちのゴシップを中心にした、詩話の雑誌。これは足かけ二十六年にわたって十五巻出た。ものすごく当ったんですね。

友達の家にやとわれている女中に自分は惚れてしまった。俺の妾にしたいといっていたのに、向うがぐずぐずしているうちに、何か病気になって死んでしまった。よって自分は女を悼む詩をつくった、というようなのがぬけぬけと出ている。

また柏木如亭が新潟に遊んだときの詩、「花顔柳態、人をして艶ならしめ　火膾霜螯、酒懐を開く」なんていう詩を選んで載せたりする。巻八が出たとき、出版記念会を開いて、大田南畝がお祝いの詩をつくった。十返舎一九の『膝栗毛』が毎年一巻出るのと同じで、「五山堂詩話」の刊行はめでたい云々。これは一種の文芸ゴシップ雑誌でしょう。このゴシップ雑誌の呼吸が菊池五山の兄の子孫である菊池寛の「文藝春秋」とそっくりなんですよ。僕にはこのことがおもしろくてね、ジャーナリストの血筋っていうのがあるんだね。

――江戸時代は漢詩が大いにはやったわけですから、五山の狙いはよかったことになりますね。

丸谷　そう、大名から博奕打ちの親分までみんな漢詩をつくった。「五山堂詩話」は、市河寛斎、柏木如亭、大窪詩仏、菊池五山の四人の名声を利用したもので、みなスターです。

そういうのが批評の原型なわけです。片方ではジャーナリズムと密接な関係があるし、片方では学問と縁が深い。それをつなぐのがエッセイだと考えてもいい。

もう一つ大事なのは都市性ということです。江戸という町が全国の漢詩人たちを結びつける。こういう都市的なものが大事なんです。文学のばあいでいえば、サロン的要素が必要ということでしょう。サロン的な粋な感じ、趣向があって詭弁を弄したり冗談をいったりするおもしろい感じがないと、批評というのはつまらないんじゃないかな。

時事的批評、文学史的批評

――以前丸谷さんと批評について雑談していたとき、批評を形式別に論じるという発想をうかがって、なるほどと膝を打ったことがあります。これまで誰もやっていない論じ方で、新味があります。その発想をもう少しくわしく展開していただけないでしょうか。

丸谷　文芸批評はいろんな形式を使ってやろうとするわけですね。それを形式別に類別してみるとすっきりと全体像がつかめるんじゃないかと思うんです。

第一に、時評的批評がある。文芸時評とか書評というのは時評的批評なわけだけれど、肝心なのは、じつはあらゆる批評が、書かれたそのときの文学的状況に対する発言であるということです。いまの文学に向けて何か批評するんだという気持が大事だと思うんです。昔、「群像」の編集長だった大久保房男さんがいっていたことがある。うちの雑誌は古典論だろうが西洋文学論だろうが、どんな批評でも載せます。しかしたった一つ大事な条件があって、それはすべてがいまの日本文壇に対する提言でなければならないということだ。そうでなければ古典論はたんに古典論になってしまってつまらない。この大久保発言は含蓄があります。

たとえば小林秀雄の『無常といふ事』は、太平洋戦争に処しての彼の感懐と受け取られた。事実そうだったから意味があったので、単なる古典論ではなかったわけです。ただし僕の感じでは、読者たちが日本の古典をあまり読んでいない、その読んでない程度にうまく合ったからあれだけ評判になったんだ、という気がするけれど。

花田清輝の『復興期の精神』は昭和二十一年か二年に刊行された本だけれど、そこに収められた文章は戦時中に書かれたものが多いはずです。あの花田清輝の書き方は、曲りくねってどちらともとれるというような文章でややこしいけれど、言論の自由がない時代の書き方なんですね。その筆法は意味があった。ところが戦後も同じ調子でやるとなんだか必然性がないから変なんだね。だから花田清輝の戦後の前衛芸術論とか映画論とかは、『復興期の精神』にくらべて少し落ちる。

——西洋で適当な例は何かありますか。

丸谷　T・S・エリオットの「形而上派詩人論」は、グリアソンのつくった形而上派詩人のアンソロジーに対する書評なんですが、あれはイギリスの詩の伝統を讃えたからよかったというんじゃなくて、第一次大戦後のイギリス詩壇の安逸のむさぼり方を指弾し、嫌がらせをいったものと受け取られたんです。それですごく評判になった。

エドマンド・ウィルソンの『アクセルの城』。これはヨーロッパ文学の新しい潮流であるモダニズム文学に対して、当時のアメリカの文学者たちが鈍感なのを怒って、ヨーロッパはこんなに頑張っている、それにひきかえアメリカは何だ、というスタンスで書かれている。そこがよかったんです。同時代の読者に語りかける誠実さが大事なんです。それが時事的批評の勘所なんですが、しかし語りかけるには趣向が必要で、単なる時評、単なるジャーナリズムではうまくいかないようなんですね。

第二に、文学史的批評というのがある。言葉はもともと伝統的なものだし、文学はその言葉を使って文学の伝統にのっとって書くもの。文学史が大事なことになるのは当り前なんだけれど、しかし文学史的批評は批評の非常に重要な一部門なんです。たとえば、あまりに立派すぎておかしいかもしれないけれど、テーヌの『英国文学史』、これは学問というべきか、でも批評なんだろうな、やっぱり。

——ロチェスター伯への罵倒（ばとう）なんか見ると、やっぱりあれは批評ですよ。

丸谷　ロチェスターのつくった詩の題をここに記すのも恥しいみたいなことをいって、奇妙に倫理的なんですね。まあロチェスターの詩もほんとうに変なものですけれど。

——グレアム・グリーンの『ロチェスター卿の猿』という評伝をたまたま先立って読んだんですが、ひどい詩ではあるけれど、あの程度ではどうということもないという気がしました。

丸谷　今から見れば、どうってことはない。しかし昔は怒られるのは当り前でしょうね。とにかくテーヌの『英国文学史』の、十八世紀のイギリス小説家を論じたあたりは、じつに立派なものです。スペインの物語、フランス十七世紀の物語と比較してイギリス十八世紀小説の美点を挙げている。実生活を描写する、性格描写をするなど、イギリス小説にしかない新しさを褒めています。

　僕がいちばんおもしろかったのは、デフォーの論じ方。「そこでは歓喜は不在であり、美の観念も入りこんでいない」。美の観念がないというのはデフォーのプロテスタント的な文学観、人生観の現われでしょう。とてもいいところを突いていると思った。テーヌの『英国文学史』あたりから比較文学というのが生れたらしいんですね。自分の国の文学より、よその国の文学のほうがよくわかるという一面が、人間にはあるらしいんだ。

　もう一つ、文学史的批評の代表として、マリオ・プラーツの『肉体と死と悪魔』をあげておきましょうか。イタリアのイギリス文学者です。英訳の題は『ロマンチック・アゴニー』で、要するに後期ロマン派の詩の歴史ですね。このへんまでくると、学問の書なのか批評の書なのか簡単に区別できない。僕はこれを篠田一士にすすめられて読んで感心した。吉田健一さんがプラーツに熱中してましたね。

　吉田さんがドナルド・キーンさんに頼まれてアメリカに行って講演したことがあった。日本の批評家は外国に行って講演したりすると満場総立ちの拍手喝采（かっさい）だったなんてことを書きたがるのに、吉田さんは大学の近くのバーの酒がうまかった話しか書かない。それを何かの折に僕が褒めたことがあった。そしたら吉田さん、「あの講演をマリオ・プラーツが聞いてくれました。終ってから紹介されたとき、プラーツが君の講演はおもしろかったといってくれてね」と、とてもうれしそうでした。

　マリオ・プラーツの『ローマ百景』『ローマ百景Ⅱ』が翻訳されてます。ローマについての本をプラーツが書評したのを集めた本。本の本です。僕はどっちの本も気がつくのが遅くて書評しなかったのが心残りなんですが。

この文学史的批評には、一つ大きな問題があるんです。文学史というのは、いったい何の歴史なのか、ということです。作者と、作者が本を出した当時の読者の反応の歴史なのか。作者が書いた本を、代々の読者が読みつづけたりつづけなかったりした、その関係の歴史なのか。そこのところが、文学史というのはかなり微妙なんですね。小説のばあいでいうと、その小説が出たときの反応の叙述みたいになりがちだけれど、しかしそのときの反応の歴史だけでは済まないことがあるわけでしょう。そこをどう考えたらいいか。それについて問題を提起したのがエリオットの「伝統と個人の才能」（一九二〇年）という、あの評論ですね。

ある重要な文学作品が出る。するとそのときまであった文学的世界の秩序が改まる。文学的パラダイムといっていいかもしれませんが、それが改まり、時間がたってまた重要な作品が出るとまた改まる。その積み重ねの歴史であるということを、エリオットはあの文章でいっている。あれがあるからロラン・バルトの「作者の死」という考え方が出てきたし、ドイツのコンスタンツ学派の受容美学という理論が出てきた。文学は読者がつくるものだということの理論化ですね。

作家論的批評

――日本のこの分野、文学史的批評の代表というと……。

丸谷　まず頭に浮ぶのは、山本健吉『古典と現代文学』。エリオットの「伝統と個人の才能」に啓発され、その前に折口信夫に基本的なことを教わっていたわけですから、この二つでできたものなんですね。僕は日本文学総論で最高のものはこの『古典と現代文学』じゃないかと思っているんですが、みんながちっとも褒めないというか、読まないというか、ちょっと不思議なんだな。題が悪いのかしらね。

――うーん、手にとってみたいというタイトルではないかもしれません。

丸谷　もう一冊、山崎正和『不機嫌の時代』。これまた名著です。古典日本文学を論じては『古典と現代文学』、近代日本文学を論じては『不機嫌の時代』、これが二大名著じゃないかと思いますね。

『不機嫌の時代』のテーマは、日露戦争が終ったときに日本の知識人全体が目標を失っておかしくなった。みんなどうしたらいいのかわからなくなって虚脱状態に陥って、機嫌が悪くなった。しかもあらゆる世代にわたってそうなった。鷗外もそう、漱石もそう、志賀直哉もそうだった。そこのところを論じていて、そこから先はいってないけれど、僕の考えでいけば、不機嫌という刻印を押されて近代日本文学は始まった。だからあんなにじめじめして、いらいらしている。何をおいてもニヒリズムの匂(にお)いがまず強くないと、非文学的でおめでたいと批判される、そういう文学ができてしまった。僕はこの『不機嫌の時代』を読んだとき、どうしておれがこれを書かなかったのか、と思ったな。

――丸谷さんでもそんなふうに思うことがあるんですか。じゃあ励まそうというわけでいうんじゃありませんが、さっき僕がいいかけた日本での文学史的批評の代表は、やっぱり丸谷才一『日本文学史早わかり』をあげたいということでした。ただ題名については、賛否いろいろあるようですが（笑）。

丸谷　大野晋先生はこの題が気に入らなくて、本を物置に隠して目に触れないようにした（笑）。

――これは日本文学史の組み替えであり、まったく新しい視点からそれが行なわれているのが衝撃的です。日本には二十一代の勅撰集（ちよくせんしゆう）があるわけですが、それを八代集と十三代集に分けて文学史の時代分けの基準にしたんですね。日本文学史の時代区分は、藤岡作太郎や風巻景次郎などがさんざん苦労して考えたのですが、やはり政権の推移による政治史的区分から逃れられなかった。それを勅撰集という尺度で一気にひっくり返し、しかもその区分が日本文学の特質をあざやかに反映させていて、実に批評的快感がありました。

丸谷　日本文学と勅撰集の関係を考えているうちに、勅撰集のせいで日本文学はできあがったんだということがわかった。あとは一気に、ということでした。

――詩（和歌）の勅撰集を指標にしたことで、目からウロコが落ちるような文学史です。日本文学の底流が何であるかということをわからせてくれます。さっき丸谷さんはテーヌの『英国文学史』にふれて、自分の国の文学よりよその国の文学のほうがよくわかる面があるらしいといわれましたが、その議論はこれには当てはまらない。いや、「国文学」的世界というのが、丸谷さんにとってよその国の文学みたいなもの、といえるのかな。とにかく、文学史的批評のなかにはぜひ『日本文学史早わかり』を入れましょう。

丸谷　はい。では次にすすむとして、三番目は、作品論的批評です。ほんとうはこれがいちばん大事なはずなんだけれど、作品論の名作というのは意外に少ないんですね。T・S・エリオットの「ハムレット」がすぐに浮びますね。あの名作について完膚なきまでに悪口をいって、なるほどそういえばそうだなと思わせるあたりね。

――いったいに作家が作品を論じるときがいいような気がします。たとえばナボコフの『ドン・キホーテ講義』。

丸谷　ナボコフの批評はおもしろいですね。そういえば、バルガス＝リョサのマダム・ボヴァリー論（『果てしなき饗宴（きょうえん）――フロベールと『ボヴァリー夫人』』）、あれはよかったな。

――日本では安岡章太郎さんの『私の濹東綺譚』なども強く印象に残っています。

丸谷　しかし一般的にいうと作品論というのはあまりなくて、作家論が書かれるんですよ。

――批評家は作品論より作家論を書くほうがうまくいきそうな気がするんでしょうか。作品論はつらくなる。それより作家の人生というところに逃げられる作家論のほうが書きやすいのかもしれません。

丸谷　それで第四は、作家論的批評になります。しかし、いまおっしゃった作家の人生、それが作家論の重大な落とし穴なんです。日本には伝記批評というものがあって、伝記批評は探偵が作家の生涯を調べあげるふうになってよくないといわれがちだけれど、僕は書き手が探偵になったっていいと思うんです。いちばんまずいのは、一人の作家とつき合うと、どうしても晩年になるにしたがって偉くなったとしたがること。たとえば小宮豊隆（とよたか）の『夏目漱石』。初めは大したこともなかった人が、だんだんすごい人格者になっていく。僕は最初から偉かったと思うけどね。平野謙の『島崎藤村』。変なことをしてひどい奴だということになって、こてんぱんにやられたあげく、最後は何だかものすごく神聖化されて偉くなってしまう。おかしいんだなあ。

そういう欠点から脱却している作家論は、中村真一郎の「荷風の生涯と藝術」かな。永井荷風の可能性とその実現された結果を批評して、荷風がほんらいどういう作家になるはずだったか、それが日本的現実のせいでどういうふうにしてなれなかったかを、哀愁に満ちた感じで書いている。僕は非常にいいものだと思った。

石川淳の『森鷗外』もいい。史伝三部作『渋江抽斎』『伊沢蘭軒』『北条霞亭』の、最後の『北条霞亭』を名作だ名作だと褒め讃えて、しかしそれは北条霞亭という男がいかにつまらない男であるかというのがわかってくるところがすごいのだという話ですね。逆説的だけれど、おもしろいですね。

——西洋の作家論的批評はどうですか。

丸谷　何といってもヴァレリーの「レオナルド・ダ・ヴィンチの方法序説」、ただしこれは対象が作家じゃないな。トーマス・マンのゲーテ論、V・S・プリチェットのチェーホフの伝記などもおもしろかった。

それから作家論の大物はバフチンの『ドストエフスキーの詩学』と『フランソワ・ラブレーの作品と中世・ルネッサンスの民衆文化』ですね。これは批評というより学問なのかもしれないけれど、これもこのへんまでくると、学問とか批評とか分類しているゆとりはないようなもの。川村二郎風にいうと、学問とエッセイの二つの円がどちらもとほうもなく大きくて、重なっている部分もまた大きい。なにしろ、まともに自分の文学論を書いたらシベリア送りだということはわかっているから、こういう手で書いたわけでしょう。だから文学について思うことのすべてが、この二冊のなかに入っている。ヨーロッパ文学論、ロシア文学論のすべてがここに入ってしまった。

――しかしバフチンの二冊は、学問というよりなぜか批評といいたい気がしますね。

丸谷　何か一種切実な感じ、文学的体制に向かって爆弾を投げるような感じ。そういう点が批評家の模範的態度なんですね。

パロディ的批評、文明論的批評

丸谷　それでバフチンに導かれてというか、第五として、パロディ的批評というのをあげておきたいんです。プルーストが若い頃にやった、バルザック、ゴンクール兄弟、フローベールなどの文体を真似(まね)たパスティーシュもここに入れていいかもしれない。イギリスにシリル・コナリーという批評家がいて、これは偉いんだけれど、彼の批評のなかにはしょっちゅうパロディが入るんですよ。なかなかうまいもんです。

日本の批評家では、斎藤緑雨(りょくう)の「新体詩見本」。与謝野鉄幹(よさのてっかん)のパロディ。

小楊子むづと手に執(とつ)て
　喉笛(のどぶえ)美事に掻切(かきき)れば
ちょいと痛めど血は出(い)でず
　死するも命別儀なし
天地玄黄千字文
　無理心中は止(や)むべきぞ

もう一つ、佐佐木信綱のパロディ。

小桶(こをけ)を籠(こ)めて立まよふ
岡湯のあたり雲起り
踏はだかれる町内の
頭(かしら)の背(せな)に龍躍(りようをど)る
臀(ゐしき)連なる柘榴口(ざくろぐち)
手拭(てぬぐひ)頬にあてがひて
そは中々に伝の君
きこえ侍(はべ)らず言の葉の
理(わり)無しとにはあらねども

そも逢初めしと唄ひつ、
羽目板敲き声高く
やようめたまへ番頭よ

というようなもの。日本の文学の中で最高のパロディなんじゃないかな。これに続くものは、和田誠の「新・雪国」か。

――『雪国』の冒頭を使っていろんな作家の文体模写をやったものですね。実に楽しい。

丸谷　次に六番目として、詞華集的批評。どれがよい詩かという選択によって、そしてさらに序文によって、批評をおこなう。日本の勅撰和歌集なんかその典型ですね。もちろん外国にも多い。

――なるほど、あれも批評形式ですね。現代でいえば、大岡信さんの『折々のうた』、丸谷さんご自身の『新々百人一首』と考えると、みごとな批評行為に違いない。

丸谷　七番目として原論的批評。芸術とは何か、文学とは何か、詩とは、小説とはといったことを論じる批評。いったいに原論的批評は少なくて、僕はもっとこういうものが出るべきだと思うんです。詩論は比較的あるんですが、小説とは何かというのはわりと少ないし、戯曲とは何かなんてのも少ない。

――西洋には小説原論はけっこうあるような感じがしますね。E・M・フォースターの『小説の諸相』、デイヴィッド・ロッジ『小説の技巧』などがすぐ思い浮びます。これも作家の小説原論がいいみたいですが。

丸谷　日本でいうと夏目漱石の『文学論』を褒める人はえらく褒めるけれど、僕はちっともおもしろくない。

――漱石が大秀才であったということが、あの退屈さのなかから伝わってきますけれども。

丸谷　何かむだな努力だなっていう気がする。日本では吉田健一の『文学概論』。このあいだ講談社文芸文庫から出たのでそれを読み返しておもしろかった。言葉と文学の関係という、その一筋のところで頑張っている。とても納得のいく切り口だし、その一筋を押してここまでできるんだなと思って感心しました。

福田恆存（つねあり）の『藝術とは何か』、あれも原論でなかなかいい本なんだけれど、どうも僕はあの人の文体のせいか話がせせこましい感じになってだめなんだな。政治を論じたときも文学を論じたときでも、批評の文体の喜びといったものがない。頭はいいと思いますけどね。

――『藝術とは何か』と、もう一つ、戯曲原論というおもむきもある『人間・この劇的なるもの』。この二冊はそうとうなものだと思いますが。

丸谷　いいものだとは思うんだけれど、どうも口調が僕には合わないんだね。楽しめない。

次に八番目の、文明論的批評。これはヴァレリーの「地中海の感興」のようなもの、「精神の危機」とか『現代世界の考察』に入っている論文などがすぐ思いだせますね。

ジョージ・スタイナーの『悲劇の死』という悲劇論があって、これは原論的批評としてすぐれていますが、文明論的批評でもあるかな。スタイナーでは、僕は変な思い出があるんですよ。

四十年ぐらい前かな、「新潮」の海外ニュースを書いている頃、英米のいろんな雑誌が編集部から僕のところへ送られてきて、そのなかにアメリカの「リポーター」という雑誌があった。そこに戦後のドイツ文学が衰弱しているのはなぜかということを論じた文章があって、筆者は僕が知らなかった人。それは、戦争中のドイツが宣伝のために贋の言語、偽りの言語を使ったツケが文学全体にまわって、それでドイツ文学がだめになったという論旨なんです。

　僕はひどく感心したんだけれども、後になって記憶がさだかでなくなった。あれは誰だったかなと見ようと思ったんだけれど、雑誌がどこかに行っちゃってなかった。題も作者名も忘れたもんだから、どうしようもなかったんですね。

　それから二十年ほど経って、ジョージ・スタイナーの『言語と沈黙』が出たのでそれを読んだら、そのなかに「空洞の奇蹟」という一編があり、それがあのドイツ文学の衰弱を言語との関係で論じたものだったんです。その本の帯だったかにC・P・スノーが「第一級の批評家が現われた。エドマンド・ウィルソンを継ぐ者はこれだ」と褒めているんですよ。僕は「リポーター」の一編でこれはすごいと見抜いたんだから、内心ちょっと得意だったわけ（笑）。

――因縁話のようでもあり、ちょっといいですね。

丸谷　ついでに、もう一つ自慢話（笑）。ずいぶん前にイギリスの「エンカウンター」という雑誌を読んでいたら、僕が知らないアメリカの新人作家の短篇小説が載っていた。その新人作家を僕は知らなかったんですが、読んでみた。

　ある男が町をぶらぶら歩いていると、自分の家のガレージにいろんなものを並べて売っている男がいる。「これはどうしたんだ」と聞いてみると、「これを売っ払って国へ帰るんだ」という。

男二人がそういう話をして別れるという、ただそれだけの話なんだけど、いいんだ。これはいい短篇作家だなあと思ったんだけど、またその雑誌がどこかに行って、作者名も忘れてしまった。ずいぶんたってから村上春樹訳のレイモンド・カーヴァーの短篇集を読んでいたら、それがあった。カーヴァーなんて僕はあまり肌の合わない作家なんだけど、ちゃんといいものは認めるんです（笑）。

――「やれやれ」ですね（笑）。しかし、さっきのスタイナーの「空洞の奇蹟」は、実に批評家的言説ですね。ほんとうかどうか実証はできない。しかし聞けばまさにほんとうらしい、説得力がある。これこそ批評家の本領発揮という感じです。

丸谷　たんに文学だけの話じゃなく、視野の広さと深さがあって、一挙に文明のあり方を押える。やっぱり批評というのはそういうところが大事なんですよ。

――話をうかがいながら考えていたのですが、批評家としての丸谷さんの代表的作品『忠臣蔵とは何か』は作品論ではありますが、日本の御霊（ごりょう）信仰とカーニヴァルという二つの視点から、日本の文明の姿をくっきりと描き出したものですね。つまり「一挙に文明のあり方を押える」という態度は、文明論的批評の代表といってもいい。ご当人を前にして僕が解説してもしかたがないのですが、その後に書かれた長篇評論『恋と女の日本文学』も、文明論的批評の色が濃い。文学を論じつつ、そこに文明の姿を一挙に押えるという広々とした世界が現出します。長篇でなくても、「男泣きについての文学論」なども、文明論的批評という枠内に入りますね。日本の批評の世界で足りない部分、弱点になっている部分が実現されているといえるのですが、それだけではなく、作家論として『闊歩（かつぽ）する漱石』があるし、『後鳥羽院』はどうなのかとなると、まことに幅が広い。簡単には論じきれません（笑）。

論はなくて争あるのみ

――さて、近・現代の日本の批評の世界で、いろんな弱点があると思うのですが、以前に論争を批評だと思っているところがおかしいという話をされていましたね。

丸谷　そうなんですよ。批評が話題になるのは誰かと誰かが喧嘩（けんか）したときだけみたいで、これは不思議ですね。結局日本人は批評が好きじゃないのか、と疑ってしまう。批評のおもしろさというのは、わからない人にはわからない。作家のなかでも、褒めた、けなしたという点だけを見ている人が圧倒的に多い。だから都市の文学としての批評というのが、まだ根づいていないんですね。

――対話というのができない、村落的な社会構造が反映されているのかもしれません。

丸谷　たとえば、森鷗外と斎藤茂吉と中村光夫。この三人は論争で偉くなった代表です。鷗外なんて、あんなくだらない論争をしなくても、すでに十分偉いわけでしょう。つまらない男がほんのちょっと彼のことを悪くいう。するとそれに対して千万言を費やしてこてんぱんに批判する。それが鷗外という人なんだ。

「空車（むなぐるま）」という文章があります。白山あたりの坂に立っていると、毎日空の大八車を引いて偉そうにして通り過ぎる男がいる。その男の描写、車の描写、それを鷗外一流の立派な文章で書く。で、終り。何だか全然わからない。篠田一士は何かのアンソロジーのなかにこれを入れて、解説で「純粋散文」といって褒めているんです。純粋散文かもしれないけれど、いったい何を論じているのか僕にはわからないと思っていた。

松本清張が亡くなった後に、彼の鷗外論（『両像』）が出て、そのなかにこの「空車」の話があった。武者小路実篤のことを仲間は武者というでしょう。それで彼は「無車」という号を作った。その武者＝無車を「空車」に変えて「むなぐるま」と読ませた、というんですね。武者小路は漱石を褒める文章をたくさん書いて、鷗外については書かない。それで鷗外は怒って、こういうかたちで罵倒しているというのが、松本清張の論旨なんだよ。僕は若い頃から鷗外を尊敬していたし、清張説はどうかなと思っていたんですが、いまになってみると清張説はいいんじゃないかと、そっちのほうに傾いていているんです。どうも鷗外という人は、人間的にはつまらない一面をもっている人ですね。

――でもドイツの女性に惚れられるんですから、いいじゃないですか（笑）。次の斎藤茂吉、この人がすごいですね。鷗外、中村光夫なんてものじゃないですよ、この罵詈雑言。

丸谷　本当に汚い。

――与謝野寛ひきいる新詩社の運動、そこに集まる人びとへの批評は、まさに痛罵ですね。同じアララギの先輩である伊藤左千夫と喧嘩になったときの、遠慮のなさというのも目を見張ります。まあ、純粋といえば純粋なんでしょうけれど。

丸谷　僕は嫌いなんだな、茂吉のああいうところ。たぶん茂吉は、鷗外先生があれぐらいやったんだから、自分がこれぐらいやるのは当り前だと、衣鉢を継ぐといったような気持があったんだと思う。

――とくに「明星」派に対するとひどいことになってますね。与謝野寛なんか人間扱いじゃないですから。

丸谷　恐しいものです。そういう風潮があったから、とにかく論争をしたら勝てばいい、勝つためにはののしることだ、というふうになった。論争のなかの論という部分はなくて、ただ争あるのみになって、それをみんながはやしたてる。そういうことが日本の批評をずいぶん下等にしたし、無内容にしたし、批評家がものを考えなくなる下地をつくったんですね。

（二〇〇八年十一月十日、東京・虎ノ門）

【エッセイ】定義に挑戦するもの

エッセイの始まり

――以前、丸谷さんが雑談の折に、エッセイというのはあまりに多様な書き方があって、定義できない文学ジャンルじゃないか、といわれたことがあります。なるほど、それはエッセイというジャンルをよく説明するいい方だなと思って、記憶に残っています。

丸谷　それは、僕がそういうことを発見したわけじゃないんですよ。ジョン・グロスというイギリスのジャーナリスト的批評家が編纂(へんさん)した『オックスフォード・ブック・オブ・エッセイズ』というエッセイ名作選の序文に書いてあるんです。

エッセイは、いろんな形で、あらゆるサイズで現れる。人間の理解力についてのエッセイもあれば、自分がこのあいだの休日に何をしたかというエッセイもある。真理について書いたエッセイもあれば、ポテト・チップスについて書いたのもある。書評の形で始まるエッセイもあれば、お祈りで終わるものもある。たいていの文学形式と違って、エッセイは定義に挑戦する。

つまり、どういう定義を下しても、その定義をひらりとかわすといったような意味でしょうね。defyという英語だったような気がします。エッセイは定義を無視する。人物描写になっても、人物スケッチになってもいいし、旅行の印象記になってもいいし、回想になってもいいし、冗談になってもいいと、ジョン・グロスはいってるんですよ。

これは、エッセイの定義とまではいわないとしても、エッセイの概念の説明の仕方としてうまいなあ、と思った。とてもイギリス的な方法ですね。憲法を成文化してつくらないでしかも立憲君主制をもっているあの国柄とよく似ているでしょう。成文化することで、現実から離れて窮屈になることを拒む。「エッセイは定義に挑戦する」といういい方で、エッセイの実態を生き生きとつかまえる。イギリス人の知恵ですね。

フランス人だったら、とてもこうはいかないだろうと思う。きっと何かむずかしい定義をしてみせる。しかし不思議なことに、エッセイの始まりはフランスなんですね。

——モンテーニュのことですね。

丸谷 そう。モンテーニュという人の、人柄みたいなものからエッセイは始まったんでしょうね。非常に親密な感じ、ざっくばらんで率直である。いいかげんで恰好(かっこう)をつけないところがモンテーニュの人柄としてあって、それが彼の書いたエッセイにうまく出ている。定型がない不定型な感じがおのずと出ていて、そこのところでエッセイというものは始まったんでしょうね。

ところで、イギリス人のなかのイギリス人であるジョンソン博士が、心情のざっくばらんな表現がエッセイだといっているんです。a loose sally of the mind だった。この sally というのが難しいのだけれど、まあ「ざっくばらんな表現」でいいでしょう。そのへんがエッセイのいちばん大事なところらしくて、言葉できっちりと規定しようとするとうまくいかない。何だか変な形式ですね。

――モンテーニュは十六世紀フランス中南部の新興貴族の出ですから、何かを書いて食う必要がなかったというのが、その文章表現の背後にあるんでしょうか。

丸谷　そうかもしれない。そしてラテン語がよくできて、大変な読書家だったでしょうね。

――幼少時にフランス語を話さないドイツ人から徹底的にラテン語を叩きこまれた、という逸話があります。

きょうのエッセイについてのお話は、定義ができないエッセイというのに同調させて、アトランダムに、また実際の作品に沿って漂流するようなかたちで進めさせていただきたいと思います。

丸谷　ところで、石川淳さんは、永井荷風を小説家としてよりもむしろ随筆家として買っている感じでした。随筆家にとって大事なものは本と資産と閑暇である、と。要するに金があって暇があって本をたくさん読むやつじゃなきゃ、いい随筆は書けないということですね。そこのところが荷風はじつにうまくいっている。淳さんは、自分に金があればもっといいものが書けると思ったんだろうね、おそらく。

「敗荷落日」だったかな、荷風が亡くなったときに、一人のだめになった老人が死んだだけの話である、ということを書いたでしょう。そのなかに、思えば「葛飾土産」までの荷風散人であった、という一節があった。「葛飾土産」というのは、真間川の源流を求めてたどっていって、いや、海までたどるのだったか、とにかくくたびれて途中でやめて帰るという話。

——小川とはいえ、流れの行く末を海までたどって歩いて行くというのはそれじたいが何やらエロチックだし、それを荷風がやるといっそうその観が深く、忘れがたい文章でした。

丸谷 そういう読み方もあるか(笑)。「葛飾土産」は確かにいいものだと思う。それにくらべると荷風が戦後に書いた短篇小説というのは問題なんだ。

——「踊子」とか「勲章」ですか。

丸谷 あれは戦中に書いて、戦後すぐに発表したもの。そうじゃなくて、戦後になってから書いた「裸体」などですね。日高普さんの説があって、あれは本当は春本なんだというんですね。あの後にその場面がある。その場面の前のところまでで切って、それを雑誌に発表したというのが日高説で、僕はおもしろいと思った。いわれてみると、確かに何かが後に続きそうなんです。

——少なくとも荷風の頭のなかではそうなっていた、ということは大いにあり得ますね。

丸谷 そうなんです。いったいに荷風が随筆家だったというのは、サイデンステッカーの説もそうなんです。サイデンさんは荷風が本当に好きで好きでたまらないという人でしたが、ヨーロッパ的な意味で小説としてはしっかり成立していない、といっているんですね。それから、中村真一郎の説もそう。中村説は、無限の可能性を秘めていた、優秀な小説家になるべき若者が、近代日本のさまざまな条件下でそうはならなかった、という見方。そして小説中心じゃなくてもいい、随筆家でいいんじゃないのというふうに見たのが石川淳さんの説というわけです。

——荷風が好きな人は、その随筆家としての面が好きというのが多いですね。

丸谷　『断腸亭日乗』がいちばんいいという人が多くて、たとえば平野謙なんかもそういう。しかしあれも、日記という形をとって書いた随筆なわけでしょう。日記だから何をどう書いても別にどうってことはないというようなものですね。

荷風の随筆でちょっと思いだしたことがあります。石川淳さんは荷風となると必ず、「妾宅（しょうたく）」という随筆が随一といって褒めるんですよ。僕はそれがわかっていたから、「四畳半襖（ふすま）の下張」裁判のためにもう一度読み返してみたんですよ。たいしておもしろくもないんですね。荷風らしき人物が築地だか京橋だかに妾宅を構え、芸者と一緒に暮らすという話です。それで「四畳半」裁判のときに僕は特別弁護人で、淳さんに質問しなきゃならない。荷風のものでは何がお好きですか。それはもう「妾宅」です、すばらしいものだ、とおっしゃる。それで僕は「はい」なんて適当に応じるんだけれど何であんなものがいいのかなあ、と思っていたの。

数年前、ゆまに書房から「編年体大正文学全集」が出たでしょう。第一巻が大正元年（明治四十五年）の分なわけ。読んでいくと「妾宅」が出てくる。そこでたちまちにしてわかった。前々年の明治四十三年が大逆事件の年、四十四年一月に幸徳秋水や管野須賀子が死刑になった。四十五年七月には北原白秋が隣の家の奥さんと仲良くなって訴えられ、牢屋（ろうや）に入れられた。硬軟両面で非常にキナ臭い感じがあったんです。

石川淳は十三、四で非常に感じやすい年頃で、敏感になっているところに「妾宅」が出て、雑誌で読んだ。そして早熟な文学少年の淳さんはものすごく感銘を受けたんですね。文学者はこういう時に芸者を囲って暮らすべきだという屈折した主張、というか、いやがらせに興奮したんでしょう。数年後に、有名な「花火」というエッセイが出て、これは形が整っているからとてもよくわかる。それでみんなが褒める。ところが「妾宅」のほうは習作みたいなもので、いま読むとピンとこないし、説明も不十分。

ところが多感な少年が読んで興奮したその思い出は、何十年も続いたわけです。それで荷風はなんといっても「妾宅」です、という発言になったのでしょう。

丸谷　編年体だからピンときたのね。あの全集はいい企画だった。文学の実地に即している。

――うーん、そういうことですか。

エッセイと時代性

丸谷　さっき随筆というのはざっくばらんで、自由で、不定型であるというふうにいったでしょう。それを別の面でいうと、作品の周辺にあるマルジナリアの部分、ちょうど額縁と絵との間にある白いマットの部分のようなところにすごく意味があるんですね。その時代、その場所に居合わせた人間にとって感銘がむちゃくちゃに大きい。そういう時代的状況を外してもなおかつ心をとらえる随筆というのは、ものすごい名篇なんだろうね。たとえば『方丈記』なんていう本は、できたての頃読んだら、いま読むのとはまるで違った趣があっただろう、すごかっただろう、ともいえるでしょうね。

——都が戦乱に明け暮れている時ですから。

丸谷　こういうのは嫌だ、のんびりと出家遁世して隠者になって暮らしたい、しかし現実はそうもいかないと思っているところに、この『方丈記』の写本なんかが手に入って読んだとしたら、まいっただろうねえ。

——そういう直接的効果は小説よりも随筆のほうがなまなましくあるでしょうから、感動もまた大きいことになる。

丸谷　十九世紀末、ヨーロッパで随筆体小説というべきものが出てきた。典型的なのはローデンバックの『死都ブリュージュ』あたりですね。ホフマンスタールの『チャンドス卿の手紙』なんかも入れていいかもしれない。日本にもそういうのが入ってきて、この調子でやれば何とかなると思ったところがあるんですね。荷風なんかはその先駆者なんじゃないかな。それを延長していくと、佐藤春夫の『田園の憂鬱』になる。これは随筆体小説でしょう。

そうやって見ていくと、荷風の『濹東綺譚』もそう。吉行淳之介の小説だってかなりそういう感じはあるし、吉田健一の小説もそうでしょう。何かあるんですね。ヨーロッパの正統派の小説の真似をしてもうまくいかないが、正統派から外れたところにあるものを範とすると、何とか恰好がつく。不思議なことですね。

――私小説が随筆に接近していく場所というものを見つけ出したことで、けっこう日本の小説家が楽になったといえそうですね。その原点に永井荷風がいる。

丸谷　森鷗外もいるかもしれないなあ。鷗外は、小説というのは何をどう書いてもいいのだといって、「半日」などの短篇を書いたでしょう。あれなんかは、西洋の小説のなかのスケッチ的なものを読んで、あ、これでいけば西洋風の小説が何とか書けると思ったのかもしれませんね。夏目漱石や高浜虚子の写生文にもそういう気配があった。「写生文」という言葉がそもそも「スケッチ」の直訳ですね。

十六世紀後半のフランスにモンテーニュという男がいて、キリスト教社会の窮屈さに困りはてて、そのなかで何とか自分の本音を吐くためにどうすればいいか、さんざん苦心したあげくにつくったのがエッセイという形式だったわけです。ローマのプルタルコスのエッセイは参考にしただろうけれど、一種怖いもの知らずみたいな形式、あるいは怖くて怖くてたまらないあげくに発明した形式であるエッセイをつくった。

ヨーロッパ文学全体から考えてみると、モンテーニュがああいう方法を案出したせいで人間は非常に楽になったと思います。いろんなことをどんどんいえるようになった。キリスト教の戒律とか世間体とかをちっとも恐れず、同時にそれまでの文学の約束事を捨ててしまった。いわゆる文学の形式美とか起承転結とか統一感とか、そういうものはみんな要らない。第一に韻文で書くのが正式の表現という窮屈な約束事をなげうった。モンテーニュという自由な精神が自由な形式をつくった。そのとき文学という世界の窓が大きく開けられて、非常に気楽な、自由闊達(かったつ)なことになったのではないのかな。
――なるほどそうかと、非常に納得します。十六世紀後半といえば、ヨーロッパは新旧キリスト教の宗教戦争のさなかです。モンテーニュはいちおう旧教側なんですが、しかし新教を容認するというたぐい稀な精神の持ち主だったわけで、だから両側から頼りにされ、ということは両側から足を引っ張られて非常に生きにくかったと思うのですが、そこにあの形式を発明した理由があるのかもしれません。

丸谷　モンテーニュがいきなり発明したわけじゃなくて、古代ローマのプルタルコスの『モラリア』などをよく読んでいたんでしょうね。これは確か岩波文庫に四冊か五冊、入っています。『饒舌について』とか『食卓歓談集』とかのタイトルがつけられて。その『食卓歓談集』には、「性交に適した時」という章があって、老若がそれについて交わすいろんな議論が語られている。結局、夜、食事が終ってしばらくしてからおこなって、眠りについて、眠りが終ってから朝飯を食べるのがいいというような話になる。プルタルコスはそういう話題を論じるとき、古人、たとえばエピクロスの本などをしきりに引き合いに出す。教養十分でしかも率直である。そういったところがいかにもモンテーニュの先輩なんですね。

　このプルタルコスのエッセイを読むと、食卓でみんながどういう話をしたかというようなことがとても多いんですよ。だから社交性とか閑談性とか、そういうことがエッセイの非常に大事なところなんでしょうね。閑談が変なふうになると、無内容になったり下等になったりするんで、そこにエッセイストの芸というか、たしなみというか、そういうものが求められるんですが。

そこでもう一度モンテーニュに戻って、モンテーニュの精神の自由さというものを、具体的にちょっと紹介しましょう。二巻の百八十頁（筑摩世界文学大系14、原二郎訳）。あの時代にこんなことをいうのです。

> われわれが、あれほど自然で、あれほど必要で、あれほど正しい生殖行為を、恥かしがらずに思い切って口にすることをせず、真面目でまともな話から除外するというのはなぜだろうか。殺すとか、盗むとか、裏切るとかは平気で口にするのに、このことだけは歯の間でしか言わないのはなぜだろうか。口に出して言うことが少なければ少ないほど、頭の中では大きくして考えてもよいということなのだろうか。

セクシュアルなタブーを、こういういい方でおかす。しかもそういうことをいう一方で、

> 公共の福祉のためとあらば、裏切ったり、嘘をついたりすることも必要やむをえぬ。だがこういう仕事は、もっと従順な、融通のきく人々におまかせする。

といったようなものすごいことを、平気で書ける人なんですね。こういう途方もない率直さというか、自分のずるさをこんなふうにすっきりと表現できるというのは、大変な精神だと思うんです。偽善的じゃない。そういうところがモンテーニュという人で、だからエッセイという形式の

発明者になれたんでしょうね。

そう考えていって、そこでまたすぐに困るのは、形式美も起承転結も統一感も要らないはずなんだが、しかしできのいいエッセイと悪いエッセイがあって、いいエッセイはやはり形式美も起承転結も統一感もあるんですね。いわゆる紋切型の形式美ではない何かがあったとき、エッセイはうまくいくんでしょうね。そこのところはとても難しい。

古典を見てみよう

――エッセイの形式上の紋切型は、小説のそれよりうんと目につきやすい。だからエッセイにおける形式美というのは、より難しいともいえるような気がします。

話はちょっと横道にそれるかもしれませんが、丸谷さんはエッセイの精力的な書き手でもあります。このところずっと「オール讀物」にエッセイを連載されていて、現在のタイトルは「人形のＢＷＨ」ですね。二年に一度ぐらいの割合でそれが本になるので、雑誌で読み、本になってからまた読み直しで、二度の楽しみがあるわけです。つくづく思うのですが、次から次へとよくおもしろい話題がつきないということ、それからもう一つ、丸谷流の語り口というのがあって、愛読者はそれに親しんでいるから安心して毎月読むわけですが、しかしその語り口に微妙な変化がいつも用意されている。読むたびに新しくなっている部分もあって、要するにつねに工夫がこらされているんですね。ほんとに舌を巻く思いです。あれは一回二十枚から五十枚ぐらいでしょうか。流れるような語り口なのだけれど、よく見るとちゃんと起承転結がある。わざと起承転結をこわしてみたりすることもふくめて、じつにあざやかな技巧ですね。短篇小説の起承転結と同じくらいに、ある意味ではそれ以上に難しいのじゃないかと、つねづね思っているんですが。

丸谷　難しいし、苦労していることは苦労しているけれど、慣れてもきたというところでしょう。昔、野坂昭如(あきゆき)が、雑文というのは結局、冗談と雑学とゴシップの三つだといったことがあった。僕はなるほどそうだなと思って、もっぱらその三つでやっているわけ。あれは野坂理論でしたね。で、その三つで書くんですが、それによって何かいわなきゃならない。何かをいうことによって、丸谷でなければならないもの、ほかの店には売っていないものを出さなければならない。それは考えて書いてます。うんと具体的な方針としては、一つには文章が読んでいてすっきりと頭に入るということ、つまりゴタゴタしないように書く、もう一つは話題に新味があっておもしろいということ、その二つを心がけて書くんですね。

――野坂さんの、冗談、雑学、ゴシップの三つであるという説はその通りかもしれませんが、小説ならば筋のおもしろさとか登場人物のつくりだすドラマとか、いろいろあるわけです。それを考えると、エッセイほど語り口に依存している文章はほかにないかもしれませんね。

　昔からそうだったのだろうか。このへんでもう一度古典に帰っていただいて、随筆作品というのを眺めわたしてみると、どうなるでしょうか。

丸谷　うん、古典に帰ってみましょう。

いま僕が顧問をやっている毎日新聞の書評欄「今週の本棚」に、「好きなもの」という四百字二枚ぐらいのコラムがあります。各界の名士に頼んで書いていただくんだけれども、社内でも読者からも評判がいい。要するに、好きなものを三つあげて、それについて書く。考えてみたら、日本の随筆というのは、好きなものについて書くものなんですね。『枕草子』は、好きなものを書いているじゃないですか。ものづくしというのは、要するに好きなものづくしでもある。「春はあけぼの」というのは、春はあけぼのが好きだという話でしょう。それからずっと下って、『方丈記』。これは現実生活でお勤めをするのは嫌だ、隠者暮らしが好きだという話でしょう。それから『徒然草』、これは友達でいいのは物をくれる友達だ、みたいなそういう話でしょう。日本人は、好きなものを書いた文章を読むのが好きなんですよ。だから毎日新聞書評欄の「好きなもの」というコラムは、日本文化の伝統にのっとっているんですね。

——確かに『枕草子』『徒然草』の共通点はそういうものかもしれませんね。

丸谷　ゴシップとか雑学とか、それもあるけれども、いちばん基本的にあるのは好きなものを書くということだ、と。

——また、人が好きなものについて語るのは、聞いていておもしろいものです。ただし妙に押しつけがましいのは逆効果で、その意味でもやはり文章がうまいというのが大きな条件になるような気がします。『徒然草』の木登り好きの話なんて、まさに文章の秘術をつくしています。

丸谷　そうそう、あれはうまいね。それから『方丈記』はすごいものなんですよ。昔、うちの息子が大学受験のとき、古文が苦手だから何かいっしょに読んでくれと僕にいったの。それで大野晋さんに相談して、『徒然草』でも読もうかと思っていますといったら、大野さんは、『徒然草』

はつまらないからおよしなさい、何といってもいいのは『方丈記』だ、といってすすめてくれた。それで読んだ。おもしろかった。その話をドナルド・キーンにしたら、キーンさんはコロンビア大学で『方丈記』を教えたことがあるんだって。そのとき学生の一人から手紙がきて、ああいうすごいものを読み、日本語を勉強して本当によかったと思った、と書いてあったというんですね。確かにそうかもしれないなと思いました。あれはやはり文章がいいもの。

——さて、ここでいったん西洋のエッセイに話を移していただければと思います。モンテーニュは十六世紀のフランス人ですが、イギリスのエッセイの古典となるとどうでしょうか。

丸谷　すぐに思い出すのが、フランシス・ベーコンで、十六世紀から十七世紀前半に生きた人。しかし、じつは僕はよくわからないんです。ベーコンのエッセイは、そんなにいいものなんだろうか。なんだか普通のことを恰好(かっこう)つけていってるだけみたいな気がしないでもない。モンテーニュにくらべると、偉そうにしているけどつまらない。

——実際に検事総長になったりして、世俗的にも偉くなった人ですね。岩波文庫に『ベーコン随想集』など二、三冊入っています。

丸谷　スウィフトは『ガリヴァ旅行記』の小説家として知られているけれど、過激な諷刺(ふうし)的な文章をたくさん書いていて、あれもエッセイですね。アイルランドの人口問題を解決する方法は、赤ん坊を食べることである、などというのがあった。すさまじい話ですね。

それから少し時代が下って、チャールズ・ラム（一七七五〜一八三四）。東インド会社につとめつづけて、生涯にわたって何かしら文章を書いていた。『エリア随筆集』正続が代表作でしょうか。ラムについてはこれを褒めなきゃ英文学をやったことにならないみたいな気風がありますが、うーん、どういったらいいのかな。もちろん悪いものじゃないけれど。しかしみんなと同じ調子で熱狂するのも癪(しゃく)にさわるなあ(笑)。

批評とエッセイの境界

丸谷　十九世紀はまたエッセイの書き手が続出しています。科学者、博物学者であるT・H・ハクスレー(一八二五〜九五)の、ダーウィンの進化論擁護。経済誌「エコノミスト」の二代目主筆だったバジョット(一八二六〜七七)。また、レズリー・スティーヴン(一八三二〜一九〇四)の自伝などエッセイの一種といえるでしょうね。ヴァージニア・ウルフのお父さんです。考えてみれば『福翁自伝』も随筆ですものね。

——たしかに、書き方、調子からいうと回想的エッセイというのが自然かもしれません。

丸谷　このへんから、現代の領域になります。

ロバート・リンド。僕が英文科の学生だった頃はもうはやらなくなっていて、しかしそのちょっと前はすごく人気があった。Y・Yという筆名で「ニュー・ステイツマン」なんかによくコラムを書いてました。研究社の新英文学叢書(そうしょ)の一巻にこのロバート・リンドのエッセイが入っていて、僕はちょっとのぞいたことがある。褒めていえばブリティッシュ・ユーモアというものなんだろうが、しかしじつにくだらないものだったなあ(笑)。

いまでもこの手のものは、イギリスの雑誌を見るとあるんです。タキという男の「ハイ・ライフ」というのがあって、毎週「スペクテイター」に載っている。河出文庫だったかに『ハイ・ライフ』というのが一冊あるはずですよ。もっとも、これはイギリスの社交界の雑知識がないとおもしろさがわからないらしいけれど、そうでもないのがあって、たとえばルーヴル美術館を一時間で回る方法。いかに早くルーヴルを見るかという冗談なんですが、冗談としては上手なものです。冗談、雑談、閑談というのを、どれだけおもしろがらせながら品を落とさずにやるか、エッセイの芸の大変なところですね。

——イギリスの小説家はどうでしょうか。

丸谷　やはり小説家はうまいですね。オルダス・ハクスレーとかジョージ・オーウェルとか。それからグレアム・グリーン。グリーンの友達のフィルビーというスパイが亡命したとき、グリーンが擁護していう。フィルビーは祖国を裏切ったからよくないと人びとはいう。しかしそういっている人びとは、祖国よりも大事なものを裏切ったことはないのかという一節で終るエッセイがあった。あれなんか本当にすごみがあって、俄然、愛国心というものが相対化されるわけです。

イギリスから離れますが、ナボコフのエッセイなんかおもしろいですね。回想記である『記憶よ、語れ』は、すばらしいエッセイ。蝶を捕まえにいく話なんか、とくにいい。

——そう思います。僕はとくに蝶好きではありませんが、さきほどの「好きなもの」理論にあっているのか、一般にいっても蝶の好きな人が蝶を語るというのは冷静そうでいながら異常な熱狂が伝わってきて、おもしろいのが多いような気がします。

丸谷　このあいだ清水徹訳で読み直してみて感心したのは、ヴァレリーの『ドガ　ダンス　デッサン』。フランスでいうと、アランの書く哲学書はたいてい随筆ともいえますね。

――『プロポ』ですね。一回分は便箋（びんせん）で二枚ぐらいで短いけれど、アランは生涯に確か五千編ぐらい書いているはずです。『幸福論』というタイトルで刊行されているのもありますが、あの短い文章のなかに思考のエッセンスが詰っている、すごいものだと思います。

丸谷　このあいだ「オール讀物」に書いたんだけれど、ジョン・バースの「『千一夜物語』の数についてのノート」というのがあったでしょう。なぜ千夜じゃなくて千一夜なのかという、みんなが考える問題を、シェヘラザードのメンスの問題から解いてみせる。あれはすばらしいエッセイだね。

――しかし、ジョン・バースも暇といえば暇な人だなあ（笑）。

丸谷　まったくそのとおり（笑）。でも、随筆というのは閑暇と資産と本なんだから、資産のない人間はせめて閑暇があるふりをしなくちゃならない（笑）。翻訳のあるものしかいわないけれど、W・H・オーデンというイギリスの詩人で、のちにアメリカに移住した人の『わが読書』という本。そのなかの、グリムやアンデルセンを論じたものとかワイルド論とか、そういうのを読んでいると、なるほど書評とか読書論がすぐにエッセイになるのが見える気がして、大変におもしろい。

――あそこまでいくと、今度は批評とエッセイの境界がどこにあるかと、ちょっと戸惑うことにもなりますが。

丸谷　批評のなかでもとりわけ遊び心が強いのはエッセイである、とでもいうしかないような感じがありますね。その点でおもしろいのはベンヤミン。最初期の著作である『ドイツ悲劇の根源』なんて、視点や問題提起は型やぶりだけれど、書き方はもうゴチゴチの学術論文で、後期の『パサージュ論』となると、まるでエッセイですね。自分の本音をどう書けばいいのか、一生探求しつづけたんでしょうね。

江戸から近代へ

――このへんで日本のエッセイに話を移していただけるでしょうか。先ほどは、『枕草子』『方丈記』『徒然草』に触れていただきました。じつは長年負い目になっていることがあって、吉川弘文館から出ている「日本随筆大成」など、百巻以上の厖大（ぼうだい）な江戸期の随筆がありますね。あると承知はしているんですが、まったく読んだことがないんです。なんとなくまずいなあとは思いながら、とても手がまわらないというか。

丸谷　うん、江戸の随筆のことね。昔、僕が『忠臣蔵とは何か』を書いていた頃、石川淳さんに「江戸の随筆を毎日読んでいるんです」といったら、淳さんは即座に「つまらないでしょう」。「じつはそうです。でも僕はいま調べものをしているんで、それで読んでいるんだから、つまる、つまらないなんていう次元じゃないんです」というような話をした。その後で、いいのは荻生徂徠、大田蜀山人、上田秋成、それに海保青陵（かいほせいりょう）かな、みたいなことをいったら、淳さんはうなずいて否定しませんでした。

江戸の随筆というのは、暇で暇で困っている人が、聞いたこと読んだことをなんでも書くわけでしょう。これもまた一種随筆の原点ではあるけれど、変なものでもあるんです。江戸時代になると、ようやく紙が安くなったんじゃないかしら、だから書ける。それから本が出まわったでしょう。普通の人が本を読めるようになった。それを抜き書きしても随筆ということになる。そうなると、見識がある程度高く、文章がある程度うまい人——でない人の書いた、たんなる暇つぶしの文章というものは、じつにつまらないものなんです。

——いや、それを聞いてすごく安心しました（笑）。不勉強で安心するというのも不心得ですが。

丸谷　「日本随筆大成」とか「百花苑」とかああいうのはまともに読む手はないですよ。何かを調べるときは、岩波から出ている『日本随筆索引』というのがあるんです。正と続。それから『三田村鳶魚（えんぎょ）全集』の最終巻の索引、この三つを使って、相撲とか吉原とかを引いて、それを徹底的にやればいいんです。まともに読むのは時間の浪費ですよ。

——そういう随筆がおおむねおもしろくないのは、江戸時代がエッセイにとって必要なものを欠いていた時代だった、というようなことがあるんでしょうか。

丸谷　そうじゃなくて、随筆を書くに値する人でない人がいっぱい書いている、ということだと思いますね。紙がかんたんに手に入り、暇な人がたくさんいた。あの頃の侍は、一カ月のうち四、五日お城へ行けば勤めたことになるというのがけっこういたわけでしょう。閑人（ひまじん）天国だった。暇つぶしでいちばん安あがりなのは、ものを書くことだったんですね。

――いい時代だった、という面もありますね。さて、明治維新以後、近代ではどうでしょうか。

丸谷　やはり夏目漱石のエッセイはいいですね。『硝子戸の中』とかああいうもの。森鷗外も論争的でないときはいい。やはり本をよく読んでいるし、文章が圧倒的にうまいもの。うん、思い出した。淳さんは岩波の幸田露伴名作選みたいなのを作るため、露伴をたくさん読んだんですが、そう大して絶讃という感じじゃありませんでしたね。「やはり西洋の本を読んでない人だから、つまらない」みたいなことをいってた。それからこれは淳さんとは別ですが、薄田泣菫のエッセイはとてもおもしろいものですね。

――『茶話』など、悠々閑々として、夏休みなんかにひっくり返って読むのにちょうどいいようです。

丸谷　僕は中学のときの英語の先生、菊池安郎という本郷の英文を出た先生にすすめられて読んだんです。菊池先生は泣菫のエッセイが大好きでね。文章がきれいで、ゴシップがいっぱいあるし。

――ああいう文章を書く人が、何であんなにわかりにくい詩を書いたのだろう、と。

丸谷　あれは、わかりにくい詩をやめた後で書いて、あれで食ったわけでしょう。大阪毎日新聞の学芸部長までやった、ジャーナリストでもあったんですね。芥川龍之介は毎日、夕刊が来るのを楽しみにして待ってたそうです。夕刊に泣菫のコラムが載ってるから。

ところで、大岡昇平さんのエッセイは、小説の文体とまったく違って、ずいぶんざっかけないものですね。

――身も蓋もないという感じで、探究の結果をズバズバと書く。たとえば晩年の日録である『成城だより』なんか、文語もどきを多用して、いかにも面倒臭いという感じの文章ですね。しかしあれは、びっしりと赤字を入れた、ものすごい推敲がなされているんです。僕は『文學界』の編集部にいたとき、『成城だより（Ⅲ）』を担当していて、その赤字を見るたびに驚いたものでした。

丸谷 そうか、そうでしょうね。それは吉田健一さんのエッセイだってそうだろうね。酔っぱらって書いているからああなったんだ、みたいなことをいう人がいるけれども、そうじゃない（笑）。河盛好蔵さんが、運動神経のない人が文章を書くとあんなふうになるとかいった。河盛さんがそういったのは、いっぽうに志賀直哉の名文というのがある。志賀直哉は鉄棒の名人だったりするので、運動神経と文章を結びつける説を立てたんじゃないかな。そんなことをいえば、夏目漱石は自転車に乗れなかった、石川淳も乗れないんですね。

――運動神経がないから云々という説は、小林秀雄が若い頃の吉田健一を評していったのかと思っていました。

無内容な随筆の意味

丸谷 吉田秀和さんの『調和の幻想』という本のなかに入っている「紫禁城と天壇」にはじまる一連の文明論、これはあまりみんながいわないけれど、非常におもしろいものです。北京へ行くと、日本の町の景色がシンメトリカルでないことを痛感する。中国はシンメトリーでできているけれど、日本はそうじゃない。西洋も中国同様シンメトリーでできている。そういって、いろんなところから、中国文化と西洋文化のシンメトリカル性を書いています。ベートーヴェンの第九の「歓喜の歌」がいかにシンメトリカルであるかという話にまで行き、いっぽう日本文化は非対称的であるといって、日本文化をそういう視点から読み解いていった、大変立派なものです。あれはもっとみんなが注目すべき文章ですね。エッセイという形式に必要な高級な知性と遊び心とがうまく両立している。知的な探求意欲と気楽な態度とがうまく調和してるのね。

そこで、日本の随筆の話になってくると、必ず出てくるのが内田百閒。これがどうも僕はよくわからないんだな。おもしろいし、すばらしいと思う。しかしなぜあんなにすばらしいのかとなると、分析が難しいんです。

――確かに。意味が解体している、ほとんどナンセンスなことを、あれだけ達意の文章で書くというのは何なんだろうと思うんです。最近ふと、類似を求めるとすればただ一人いるんじゃないかと思いました。古今亭志ん生です。志ん生の落語をいま聞き直しているんですが、いちばんできのいいのは、いちばん無内容なものというか、意味が解体しているものだと思うんです、「粗忽長屋」とか「強情灸」とか。初めからナンセンスというのではなく、語っていくうちに意味が解体してそこから笑いだけが迫り出してくるというのが、本当に傑作。無内容なのがいちばんおもしろいという一点で、内田百閒に似ているんじゃないかと思うんです。たとえば、ただ汽車に乗るという以外には内容のない『阿房列車』ものなんかがすぐ思い浮びますが。

丸谷　なるほどねえ。その志ん生という見立てはいいよ（笑）。内容というのは、エッセイの大事な肝所で、あまり内容がぎっしり詰っていると評論になってしまう。ふわっとあるぐらいがいいんでしょうね。『徒然草』なんかはその典型で、まあ無内容というわけではないが、しかしぎっしり詰ってはいない。御飯のよそい方で、ふわっとよそうと品がいいみたいな、そんなぐあいですね。

戦前型の随筆と戦後型の随筆の違いについて考えたことがあった。戦前型は内容がない。たとえば森田たまとか吉田絃二郎（げんじろう）とかの随筆を読んでいると、じつに内容がないんですね。少年時代に読んであきれたという記憶があります。また、戦後になってから木下杢太郎（もくたろう）の随筆を読んでいて、あんなに偉い人なのにどうしてこんな無内容な文章が書けるのかと、本当に驚いたことがありました。

木下杢太郎の無内容な随筆を読んだときに思いだしたのは、昭和十年代に林達夫が書いた文章です。それは随筆の隆盛を憂（うれ）えるというものです。日本人がいま随筆を夢中になって読んでいるが、あまりいいことじゃない。そういう発言で当時のジャーナリズム批判をやっているわけで、僕は非常におもしろいと思った。

あの当時、無内容な随筆に接すると、知識人である読者は、これは時局批判なんだなと勝手に思いこんで読んだ。検閲をかわしているのだと。荷風の『濹東綺譚』は、随筆体小説の最たるもの、極言すれば一種の随筆ともいえるものでしょうが、その無内容なことは驚くべきものです。なぜあの無内容な小説が日本中をあんなに感動させたかというと、荷風はこれによっていまの日本を批判しているに違いないと、読者は思いこんだんですね。朝日新聞が載せているのも、軍部に対する嫌がらせで、現代日本批判なんだと読者が思いこむのを助長したんでしょう。だからあの大したことのない小説にあれだけ人気があったわけです。

――玉の井の女の話じたいに中身はないとしても、あそこに出てくる、きな臭い時代にもかかわらず確固として流れる季節感、季節が移っていく感じにはやはりうなりましたが。

丸谷　歳時記性は、荷風お得意のものなんだ。それはすごい。しかしあの男と女の情愛だってどうもよくわからない。男が玉の井の娼婦にどういうふうに惚れたのか、何にひかれたのかがどうにもはっきりしない。最後に男が逃げる。芸術のために逃げるんだ、というんですが、芸術がそんなに大したことかと、平野謙がいってるけれど、たしかにそういいたくなりますね。戦前の随筆というのは、『濹東綺譚』に対する評価でよくわかるように、読者が深読みする。それで無内容な随筆でも内容がありそうに思われてしまう、というのが僕の考えなんです。

ところが内田百閒の随筆はそういう無内容とは違うんですね。無内容性を極端に推し進めたときに、マイナスの札ばかりそろえるとプラスにひっくり返るというトランプがあるでしょう（笑）、それを思わせます。百閒のあの無内容が極まった芸を横に置いてみると、吉行淳之介の随筆なんか内容にみちみちている。その吉行が百閒をあれだけ尊敬している。百閒が無内容で自分が内容があるなんて、吉行はまったく思わないわけですから、どうも不思議なものですね。

まあ、エッセイというのは内容があるような、ないような、虚実皮膜の間に遊ぶ、そういう境地が理想なんでしょうね。むずかしい芸事ですよ。

――ほかに、現代日本のエッセイについて、どういう評価をおもちでしょうか。

丸谷　全般に、というのではないんですが、現代の文学系の学者の文章についていうと、漢学系の学者のがいいようですね。国文系の学者のはどうもつまらない。文章がしまってないということもあって。国文学系統の学者の随筆でいいのは、田中優子さんがいますね。田中優子さんの随筆がなぜいいかというと、たぶん若いときに石川淳をしっかり読んでいるからでしょうね。

日野龍夫（たつお）とか徳田武（たけし）とか前野直彬（なおあき）とか、漢学系、あるいは中国文学系統の学者の文章はみんなすばらしい。中国および江戸の詩人、学者の書いたものに親しんでるから、ああいうものが書けるんでしょうね。日野龍夫とか揖斐高（いびたかし）とか、出来るらしいね。センスもいいし。前野直彬の『風月無尽』なんて随筆集もおもしろかった。あの人、飲みすぎて亡（な）くなったのね。惜しいことをした。徳田武の『江戸詩人伝』は随筆体の伝記で、名著ですよ。特に秋山玉山がよかった。それから漢学者とはいえないけれど、富士川英郎先生の随筆、これももちろんいい。

――ドイツ文学でたしかリルケが専門でしたが、日本の漢詩を論じて、『江戸後期の詩人たち』『菅茶山』などの著書がありました。

丸谷　そればかりでなく、たとえば萩原朔太郎（はぎわらさくたろう）を論じたものなど、じつにすぐれた仕事です。フランス文学系では杉本秀太郎と奥本大三郎。それから漢学系では、もちろん高島俊男さんがいますね。

――何を読んでも裏切られない。おもしろいし、新しい発見があります。

丸谷　えーと、国文学者でも山口剛の文章はいいですね。早稲田の教授で、尾崎一雄の先生。いつだったか、尾崎一雄の文体を論じて、身近なところに志賀直哉、山口剛という名文家が二人もいるのに別口の文体を創り出したのは偉い、と書いて、すごく喜ばれたことがあった。僕の書いたもので尾崎一雄を大喜びさせたのは、あれ一つだけね(笑)。

それと、日本では理科系の学者の随筆がいいですね。寺田寅彦、中谷宇吉郎はやはりうまいし、すでに古典的といってもいいでしょう。それと金関丈夫(一八九七〜一九八三)という人類学者、この人は随筆がうまいですね。

――『お月さまいくつ』とか『孤燈の夢』とか『長屋大学』、もっと学問に近い『南方文化誌』『琉球民俗誌』などが法政大学出版局から出ていて、ずいぶん愛読しました。

丸谷　岩波文庫にも『木馬と石牛』という一冊がたしか入っていましたね。もっとたくさん入れるべきなんだな。それから、医者の中井久夫先生。この人もすばらしい随筆を書く。中井先生の『清陰星雨』という本のなかに、随筆問題ではないんだけれど、僕がかねがね気にしていることが書いてあった。「マニュアル作りのまずさ加減は有名で、輸出先からの苦情が多いらしいが、日本で問題にならないのは、日本人は操作を『手で覚え身体で覚える』からだ」。取扱い説明書、マニュアル作りの問題ですね。携帯電話の使い方はマニュアルを読んでもわからない。他の電気関係製品もほぼ同じようにわからない。ひどいもんです。僕は、マニュアルの文章をちゃんとしたものにすれば、もっと日本製品が売れるんじゃないかと、ひそかに思っていたんですが、中井先生の文章を読んでいたら、かねがね心配してたことがちゃんと書いてあった。

もう一つ思いだしたことをいうと、うちの子供が生れて間もなくの頃、神保町を歩いていたら、アメリカ文学の西川正身先生とばったり会った。西川先生はお祝いをいってくだすった後、「何か困っていることない」といわれたので、「女房が育児書を読んでも文章がわからないといって困っています」といったら、先生の奥様もそうだったんだって。それで、英語の育児書を読んで育てた。お宅もそうしたらどうか、と勧めてくださったんです。

――マニュアルがちゃんと書けるような文章力を大学で教え、学生に身につけてもらうことが必要だと、大学で文芸の授業をもちながら痛感しています。

丸谷　さて、現在、世界的に見ても小説がぐんぐん変ってきているでしょう。小説がエッセイに変ろうとしているともいえるし、小説がエッセイを吸収して、豊かになろうとしているともいえる。たとえばドイツのゼーバルトとかね。これは二十世紀前半にプルーストとかジョイスとかが始めた手ですね。あるいは前にいった、随筆体小説が世紀末から始まったということも関係しているかもしれない。日本でいうと坂口安吾の小説のおもしろさには、エッセイを吸収した味があるでしょう。あの自由自在な、奔放な語り口は、エッセイストの態度ですよ。特に歴史物にはモンテーニュと講談がいりまじったような魅力があるでしょう。うん、ひょっとすると安吾は、原書でモンテーニュ読んでるかもしれないな（笑）。とにかく、小説を窮屈な形式としては考えずに、エッセイをどんどん取り込んでいって、それによって小説が変容しようとしている。そういうことが、いま起っています。逆にいうと、エッセイにはもともとそういう可能性があるのかもしれません。

――モダニズムの文学理念を通過した後は、どうしてもエッセイの要素が強くなってくるのかもしれません。

丸谷　トーマス・マンの小説だってエッセイに近い部分があるし、ボルヘスの短篇小説などは書き方としてエッセイそのもののようなスタイルです。エッセイが、文学のなかにぐんぐんはびこっているということはいえるかもしれませんね。

――プルーストで思いだすのは、イタリアのナタリア・ギンズブルグという女性作家です。父親が大学医学部の教授の家庭で、お母さんがプルーストの愛読者で、ナタリアも少女時代から徹底的にプルーストを読んでいます。そして家族の会話のあり方から、第二次大戦を体験した家族の歴史を小説として書いたのが『ある家族の会話』という作品です。これを日本語に訳したのは須賀敦子さん。須賀敦子はナタリア・ギンズブルグからたくさん学んで、あの独自のエッセイを書きはじめるんです。プルーストから始まっている小説のエッセイ的な部分からエッセイを書くのですから、動きが逆ともいえるんですが、須賀さんのエッセイには小説の影が強く射(さ)しているともいえるんですね。

丸谷　もうすこし長生きしたら、エッセイと長篇小説とをうまくまぜて、新境地を拓(ひら)いたかもしれませんね。

（二〇〇九年二月十六日、東京・虎ノ門）

【戯曲】芝居には色気が大事だ

戯曲は自立したものではない

――今回は、文芸ジャンルの一つとしての戯曲についてうかがうわけですが、演劇の台本である戯曲だけをとり出して論じるのではなく、演劇とは何かということにも論を及ぼしていただきたいと思います。話の筋道をあれこれ考えているとき、ふと気づくことがありました。これまでお話をうかがった文芸のジャンルは、みな丸谷さんご自身が手がけている。長篇小説、短篇、批評、エッセイ、『後鳥羽院』のような評伝、『日本文学史早わかり』のような文学の歴史、とこれまで扱ったジャンルのすべてで仕事をされている。今後に予定されている詩については、俳句をおやりになる。しかし、芝居だけはないんですね。

丸谷　そうなんです。芥川賞をもらったばかりのころ、芥川比呂志さんから戯曲を書くと約束させられましてね。あれこれ考えたけれど、うまくいきませんでした。どうも僕の発想は小説的らしい。
——あるのは『忠臣蔵とは何か』という、まことに懐の深い芝居論。もっともこれは芝居を通して見た日本文化論といったほうがいいかもしれません。それやこれや考えると、そういうところにも、戯曲・演劇というものの特殊性があるのかもしれません。

丸谷　僕のことはさておき（笑）、たしかに演劇というのは格別に間口が広いんですね。少し変った芝居の話からはいっていきましょう。

　カルデロンという十七世紀のスペインの劇作家がいます。生れたのが一六〇〇年で、出雲の阿国が京に上って阿国歌舞伎を始めるちょっと前ですね。『名誉の医師』という戯曲があります。この題はちょっとおかしいんだけれども、直訳なんでしょうね。あのころのスペインでは名誉というのがものすごく大事なことだった。

　こういう芝居です。

　最初に、国王ドン・ペドロを先頭にした騎馬の一群がやってくる。そのなかの一人が、いきなり落馬するんですよ。馬から落ちるところから始まる芝居なんていうのは、珍しいでしょう。落馬した男は国王の弟ドン・エンリーケで、気絶してしまう。国王というのが冷淡な男で、「おや、気絶した。困ったことだけれど、私はきょうは用があるからこのまま行く。お前たち、なんとか手当をしろ」みたいなことをいって、さっさと行ってしまう。残った貴族たちが、「薄情な兄もいるものだ」などとブツブツいう。

　舞台のいっぽうの側で、館の上から一人の貴婦人が外のようすを見ている。「すばらしい殿方が馬上豊かにやって来て、その足取りの軽さと来たら、まるで風を切って飛ぶ鳥のよう」とか、美文調で褒めたたえる。「殿方は馬を走らせて、そして馬が躓いた。だからそれまで鳥だったものが地に墜ちて一輪の薔薇になった」となる。貴族たちは「あの館に殿下をお連れして、寝かせてもらうことにしよう」といって国王の弟を連れて行く。

さて、その貴婦人はドニャ・メンシーアといい、落馬した殿下と関係があったが、今は宮廷の医師の奥方になっている。ドン・エンリーケは、人事不省からハッと目が覚めると、そばに昔の女がいる。「こんな幸せなことがあろうか」みたいな長ぜりふがあって、それでドニャ・メンシーアの亭主である医師の目を盗んで姦通関係が始まる。

夜、真っ暗ななかで密通する場面。あっちへ行ったりこっちへ来たりで、まるで歌舞伎のだんまりです。ところで国王というのがひどい奴で、道化をつかまえて、「お前の仕事は私を笑わせることだから、一日一回私を大笑いさせない日があったら、そこでたちまちお前の歯を全部抜きとってしまう」などといっておどす。

それで最後に、その密通された医師がドン・エンリーケを間男だというので殺すと、国王は、「それはよかった。名誉というのは大事なものだ」といって褒める。結局、細君のドニャ・メンシーアもその医師に殺される。すると国王は、「すぐに再婚したらよかろう。そしてまたこういうことになったら、今度のように処置するのがよかろう」と述べる。じつに後味のよくない芝居なんだけれど、しかしおもしろいんですね。

――それは喜劇なんでしょうか。

丸谷　僕もよくわからないんだけれど、広い意味でいえば喜劇なんだろうねえ。この戯曲がおもしろいという話をあちこちでしていたら、関容子さんが読んでね、ああいう劇通は戯曲を読むとすぐ役者を決めるんですね。国王の弟ドン・エンリーケは、好色な感じが絶対に勘三郎。勘三郎が馬から落ちるところをぜひ見たい、きっとうまいに違いない、なんていう。「薄情な王様、これは幸四郎。姦通される医師、三津五郎。歯を全部抜くとおどされる道化、これは獅童がうまいんじゃないかしら。それから、貴婦人ドニャ・メンシーアは、もう玉三郎で決まり」なんてふうに、配役を決める。僕はそれを聞いて、なるほどなあ、と思った。われわれも無意識のうちにそれに似たことをやっているかもしれませんね。

——けっこうやってるんじゃないでしょうか。映画を見て、あの役はむしろ誰それにやらせたかったなんて、酒場の話題になりますよ。

丸谷　そこで僕は改めて考えるんです。芝居というものが成立するための、三つの条件がある。第一が、俳優の肉体と肉声。つまり勘三郎、玉三郎なんていう配役がこれです。第二が、劇場。建物と観客とによって形成される。第三が、台本ということになる。ここのところが、これまで論じてきたほかのジャンルとまるで違うんです。つまり、戯曲は自立したものではない。三分の一の構成要素でしかない。

関さんがあんなふうに役を決める、戯曲を読んだとたんに役者がパッと浮んでくるというのは非常に筋が通っているわけです。俳優というのは三分の一というより、普通のお客にとってはいちばん大事なものでしょう。それで芝居小屋へいくんだから。戯曲を三分の一とするのは、文学の専門家である僕の偏見かもしれないんです。その証拠に、歌舞伎ではお客が役者に声をかけるじゃない。成田屋！とか大成駒（おおなりこま）！とか。あのときは、声をかけるお客と声をかけられる役者が大事なのであって、台本なんかは大したものじゃないんですね（笑）。

——第二の構成要素、建物と観客によって形成される劇場というのについて、もう少し詳しく説明していただけませんか。

丸谷　これは実に不思議なものでしてね。文学の他のジャンルにはない。昔、宮廷や家庭で長篇小説を朗読したとき、似た現象はあったかもしれないけれど、規模が小さいし、今はまったく亡（ほろ）んでしまった。でも、こちらは数百人、数千人単位で起こる現象だし、濃密度が高いし、今も脈々と生きている。

おもしろくなってくると、観客全体が一体となって高揚し、その集団的興奮、共同体的享受（きょうじゅ）が芝居をいっそう盛りあげるでしょう。劇場全体が一体化する。あの現象は野球の好ゲームのときの球場全体に似てますね。そして出来が悪いときはその逆。あのことです。演劇のああいう味について誰か書いた人はいないかと前まえから探してるんですが、どうも見つからない。

イエズス会と歌舞伎

——さきほど、関容子さんがすぐに配役を考えたのは筋が通っているとおっしゃったのは、演劇は俳優中心という意味がこめられているんですね。

丸谷　ええ。それにもう一つ、カルデロンの戯曲のからみでいっておきたいことがあります。この芝居はバロック演劇なんですね。いわゆる古典主義演劇ではない。悲劇か喜劇かという区分もはっきりしないし、三一致、つまり戯曲は一日のあいだに単一の場所で起きた単一の劇行為を表わすことで、時、場所、筋の三つの単一性を重んじなければならないという作劇上の規則などにも、まったく拘泥(こうでい)しない。

そして歌舞伎も、じつはバロック演劇の一種ではないか、と僕は考えているんです。イエズス会の教化のための演劇、イエズス会劇というものがバロック演劇の一種としてある。日本に来たキリシタンはイエズス会だから、宣教の手段として音楽と演劇を非常にたくさん使った。その教会劇を出雲の阿国が出雲かどこかの教会で見たから、それを真似(まね)て、あるいは取り入れて、歌舞伎なるものが始まったに相違ないという説を僕は自分の発見であると思って発表した。

ところが、そうではなくて、僕より前に河竹登志夫先生というすごい権威がいっていて、僕はそれを知らなかった。西洋でもそれをいった学者が二人ぐらいいるんですって。とにかく僕のオリジナルじゃない。河竹先生から、「あなたの考え方はなかなかよろしい」みたいなお手紙をいただいたりした。

その後で、岡田温司(あつし)さんという京都の美術史の先生が書いた本を見ていたら、イエズス会の教会劇では、マリアのところに天使がやってきて受胎告知をする場面では、上から綱を伝ってザーッと下りてくる。そしてまたザーッと戻っていく。

――まさに歌舞伎ですね。千本桜の狐忠信(きつねただのぶ)とか、猿之助得意の宙乗りみたいな。

丸谷　そうなんですよ。あれは興奮したなあ。そして関さんの反応は、一つには、スペイン・バロック演劇とわが歌舞伎との血の近さがあるから、それであんな配役が生じたんじゃないか。

――なるほど、自然に雰囲気が通じているんですね。

丸谷　さて、歌舞伎がこのようにバロック演劇の一種として成立したのは、僕にいわせると単なる模倣というものではない。どう考えるかというと、第一に、日本人が外的な刺激に触発されて演劇の本質的なものに目覚めたのだろう。それまでは能と狂言だけでなにか寂しくていたところに、外来の刺激がちょっとあって、歌舞伎を発明してしまった。それが一つ。

第二に、時代精神がバロック演劇を入れるのにふさわしかった、ということがある。バロック演劇の精神というのは、①世界は劇場であり、人間はみな役者で、それぞれの役を演じている。②人生は夢である。この二つがテーゼであり、二つのテーゼは表裏一体のようになっているわけです。大変に虚無的な思想と、大変に華やかな心意気の両方を兼ね備えた人生観であり、世界観です。日本人はあのとき、イエズス会演劇を媒介としてそれに目覚めた。

――おもしろいですね。信長は一期（いちご）は夢ぞ、といってるし、佐々木道誉（どうよ）のような婆娑羅（ばさら）大名にしても、いま指摘された二つの精神を兼備していたともいえる。

丸谷　ええ、秀吉の「なにはのことも夢のまた夢」という辞世とかね。そう考えていくと、演劇というのはものすごくルネサンス的な芸術なんじゃないかという気がするんです。ギリシア、ローマの三一致的なものをまったく壊して、喜劇と悲劇の境界を崩すことによってドラマというものを確立した。そしてひょっとすると、シェイクスピアよりも歌舞伎のほうがもっと極端にそれをやってしまったのではないかという気さえする。

――となると、歌舞伎こそはバロック演劇から出て最もバロック的なものを実現しているともいえそうです。歌舞伎の成り立ちについて、もう少しご意見を聞かせてください。

丸谷　はい。歌舞伎の歴史で最初に出てくるのは、出雲の阿国と名古屋山三。名古屋山三が死んだときに、山三の愛人であるといわれていた阿国が彼の死を弔って追悼興行をやった。これが大変な評判になるんですね。

　このへんをもう少しくわしく見ると、一六〇三年（慶長八）、家康が征夷大将軍になった。出雲の阿国が京に上り、男装して、その男装の女が茶屋の女房と戯れる芝居を演じた。茶屋の女房の役を演じるのは男の役者が女装してだった。この前年、イギリスでは『ハムレット』が上演された。このころイギリスの芝居では女の役を演じるのは男優だった。

　ところが一六〇三年、名古屋山三が死んだ。これは刃傷沙汰で殺されたのだという。山三は淀君との噂もあったいい男。秀頼は彼の胤だなんてゴシップもあったらしい。ちなみに秀頼の誕生は一五九三年（文禄二）。それから阿国と山三は姦通している。阿国には亭主がいるんですよ、狂言師みたいな亭主が。山崎正和さんの説によると、たとえ阿国と山三は関係がなくても、阿国の亭主くらいの男ならば、必ずそういう噂を流させただろうというんですね（笑）。とにかく、阿国の追悼興行は大評判になった。

　芝居は、阿国が上京してくるところからはじまって、京に上って念仏を唱えていると、観客のなかから山三の亡霊が出てくる。舞台の奥からじゃなく、観客のなかから出てくる。こういう仕組は能や狂言にはない、まったく異質の演出なんですね。だから、イエズス会演劇の影響と考えたくなる。そしてこれが花道の発祥ということになるんです。

これを、バロック演劇的世界観という問題にひきつけていうと、現実の名古屋山三という男がいて、これは生きているときに山三という派手な役を演じたともいえるわけですが、その山三の亡霊の役を阿国という女が演ずる。そして阿国の役を男の役者が演じる。全世界は舞台で、人間はみんな役者、男も女も舞台に登場しまた退場するだけという、シェイクスピアの『お気に召すまま』のせりふにぴったり合う。

もう一つ、ここで考えてみたい問題があります。かつての情夫が横死したとき、それを弔う芝居、きわめて儀式性の濃厚な芝居を出雲の阿国がやった。これはいったい芸術なんだろうか、それとも祭祀（さいし）あるいは儀式なのかと考えてみると、区別ができないわけです。祭祀は模倣を含む。しかし、阿国がやったことは模倣が目的なのではなく、山三の生と死に対する自分の感情をここで表現したいという、そういう欲求のあらわれでしょう。

演劇という芸術の根源にある動機、あるいは芸術そのものの動機がここにあるわけですね。自然を写す、写すことによって改善するという欲求ではなく、非常に強く感じられる情緒とか希望を、表出し放出しようとする、そういう欲求がまずあるのではないか。この欲求のせいで、芸術と祭祀のどっちが始まりなのかわからなくなった、ある混沌（こんとん）とした状態がそこにはある。

――演劇を考えることによって、芸術の起源はどこにあるのかに及ぶことができるわけですね。一気に、演劇論の核心に行くということにもなりそうです。

丸谷　イギリスのケンブリッジ大学に集まった文化人類学者の一群がいて、ケンブリッジ・リチュアリストといわれます。リチュアルは儀式、祭祀ですね。フレイザー、ギルバート・マリ、そしてハリソン女史。ハリソン女史には『古代の芸術と祭祀』という、そのものズバリのタイトルをもつ本があります。この人たちの文化人類学的な思考法が柳田國男(やなぎたくにお)経由で日本に伝わってくる。折口信夫がこれを採用し、日本文学における折口理論が展開することになるわけです。

芸術における模倣性と儀式性の問題。模倣という説でいけば、十九世紀のリアリズム芸術論にとてもぐあいがいい。これは当り前ですね。リアリズムにぐあいがいいと同時に、芸術を個人主義的に考えるのにも適合する。芸術は個人の表現力の発揚だとする考え方ですね。いっぽう、芸術の起源を儀式あるいは祭祀に求めると、二十世紀風の祝祭的芸術観にぐあいがいい。二十世紀の反リアリズム的態度への応援にもなるし、芸術は共同体のための表現だという反個人主義的な考え方にもぴったりくる。

僕は祭祀主義的なリチュアリスト風の考え方のほうが、十九世紀的な偏向を正すのに役立つし、歴史的にみてもこっちのほうが正確なんじゃないかと思うんですけれど、そこから先に問題がなくはないんです。祝祭性だけでいくと、たとえばバレエなんか、見ているととてもきれいだし楽しいけれど、まあある意味では無内容なものでしょう。これぞ芸術だといわれても、やはり物足りない。あれが芸術の代表ではちょっと困る気がする。だから芸術の起源が祭祀にあるということはわかるけれど、そこから先のところは人類がいろいろつけ加えて豊かにしてきたんだな、と思うんですね。

――起源がどのようなもので、それがどう展開するかという二つの問題があるように思われます。お話を聞いていて思いだしたのは、エリアーデの宗教儀式の定義です。あらゆる宗教は、その儀式のなかに発生のときのドラマを模倣し、組みこんでいる、という説です。宗教の儀式は最初から演劇性をもっている、逆にいうと、演劇の発生は祭祀とほとんど区別がつかないという気がします。ただし、そこから先は、丸谷さんがいわれたように、言葉とかが深く関与することで別の展開になっていったんじゃないでしょうか。

丸谷　フランシス・ファーガソンというアメリカの学者に『演劇の理念』（原題は *The Idea of a Theatre*）という本があります。だいぶ以前に翻訳が出ているんだけれど、この翻訳があまりよくない。ちくま文庫あたりで訳し直すといいんだけれど（笑）、それはともかくとして、この本は演劇の起源を祭祀に求めるケンブリッジ・リチュアリストたちの考え方を、さらに応用し展開したものなんです。このあいだ四国の金丸座で勘三郎の『俊寛（しゅんかん）』を見た。そのときふとこのファーガソンの本を思いだしたんですよ。

俊寛が鬼界ヶ島に流されている。それから丹波少将成経（たんばのしょうしょうなりつね）、平判官康頼（やすより）も流されている。流人（るにん）

の三人のうち、少将成経が海女（あま）の千鳥と仲良くなって細君にした。それを聞いて俊寛が、「なんとなんと。配所三年がその間、人の上にも我が上にも、恋という字の聞き初め。（中略）ササ、濡（ぬ）れそめはなんとなんと」といって、恋の始まりを聞きたがる。それからめでたい、めでたいとなって、竹の筒に汲（く）んできた水を酒に見たてて三三九度をする。これは婚礼のパロディであって、婚礼であって、かつ演劇なわけでしょう。芝居のなかに儀式がある、きわめて典型的な例ですね。

そんなふうに見ると、『ハムレット』の初めのほうにあるクローディアスの戴冠式（たいかんしき）（舞台の上では演じられないけれど）、それから後にあるオフィーリアの埋葬、あれもみんなリチュアルですね。

――『俊寛』（平家女護島）は、もとは近松門左衛門（ちかまつもんざえもん）の浄瑠璃（じょうるり）ですね。最初見たとき、菊池寛が小説とか芝居にしそうな近代的なテーマを感じて、びっくりしたんです。孤独をめぐる心理劇。なぜこんなものが浄瑠璃にあるのかと不思議なほどだったのですが、いま儀式性とか祝祭性の指摘をうかがうと、なるほど眼目はそっちにあるんですね。

丸谷　あれは先代の勘三郎が得意としたものでしょう。いまの勘三郎も実に立派に継いでいました。今度の幕切れは新演出じゃないかな、ちっとも騒がないで、じっと見守る。これは凄（すご）みと貫禄（かんろく）があって、悲劇性がすばらしかった。

これを見て、ケンブリッジ・リチュアリストの考え方をもう一つ延長してみたくなった。人生は繰り返すし、祭祀は繰り返すでしょう。人生における繰り返しは、芝居の再演とか三演とかに見合っていく。その最も露骨なのが歌舞伎の役の継承なんじゃないかという感慨にふけったんです。そういうことを考えさせられました。

――俊寛の着ているのはボロ着ですよね。しかし、実はあれ、高級な錦をつなぎ合わせてつくったもの、そうは見えないけれど贅をつくしたものなんですって。衣裳ひとつとっても、祭祀性、祝祭性が色濃いのだということに、いま気がつきました。

丸谷　演劇のなかのリチュアルを指摘すれば、『仮名手本忠臣蔵』の二つの切腹シーン、これがリチュアルでしょう。「山科閑居」は押しかけの嫁入りだし、討ち入りも首をあげる儀式だと考えることができるでしょう。儀式性が濃厚に残っている。残らざるを得なかった。そんなふうに、演劇は祭祀から始まったというのは説得力のある意見だと思うんです。

このばあい大事なのは、観客がその祭祀に参加しているということです。呪術的儀式性によって、劇場全体が祭祀の場になっている。それがいちばんはっきりするのは、歌舞伎の襲名披露などの口上ですね。長老格の役者が、誰それはこのたび永山会長のご配慮により、何代目何とかを襲名することになりました。何とぞごひいき様のお引き立てによって……とか、そんな口上をやるじゃない。そして舞台に座った役者たちがみな公式的な格式ばったことをいっていると、一人だけおどけた者がいて、これはだいたい左団次の役なんだな、いまは。三津五郎の襲名のとき、左団次が「三津五郎は非常にいい役者だけれども、しかしもう惚れた女房に逃げられたぐらいでくよくよするな」とやって（笑）、とてもおかしかった。あれはコミック・リリーフというもので、どっと笑いをとることで気分がさっと変る。そうなるとこれはやはり芝居ですね。祭祀のなかに芝居がある。そしてお客はそれに参加することで陶酔する。

えーと、コミック・リリーフというのは喜劇的な息抜きの場面ですね。重苦しい雰囲気を一時すくうために笑いを入れる。『忠臣蔵』の進物場「エヘン、バッサリ」とか、『マクベス』の門番とか、東西の代表でしょう。

――たしかに、襲名口上は、儀式でありながら芝居でもある。俳優たちは意識してそれをやっている感じがします。

丸谷　この演劇における観客の重要性ということでは、いまは非常に有名になったエピソードがあります。一九五七年十一月に、アメリカのサン・クエンティン刑務所で、囚人千四百人に芝居を見せた。役者はサンフランシスコ・アクターズ・ワークショップの劇団員。ここの刑務所で囚人に芝居を見せたというのは、一九一三年にサラ・ベルナールの芝居を見せた以来なんですって。で、一九五七年の演し物は、ベケットの『ゴドーを待ちながら』だった。大変な前衛劇でしょう。なぜこんな前衛劇が選ばれたかというと、女優がいなくても済む芝居を探したらこれしかなかった、というんですよ。

この難解な前衛劇がはたして囚人たちにわかるかしら、と関係者はみんな心配した。ところが芝居が始まると、囚人たちはみんな夢中になってしまった。終ってから囚人いわく、「ゴドーというのは、つまり娑婆のことだ」と。刑務所からの出所を待っているという状態を、あの二人に託して見ていたんだね。観客は、現在の状況によってちゃんと前衛劇にすらついていくもの、という例証の一つなわけです。刑務所が、アングラ劇場よりももっとアングラ劇場的になった。

ここからすぐに思い出されるのは、ヤン・コットの『シェイクスピアはわれらの同時代人』という本、一九六二年にフランスで出て大評判をとったシェイクスピア論のことです。ヤン・コットはポーランド人。ポーランドは第二次大戦後、旧ソ連の衛星国にされた。自分の国の政局、ソ連の政局を、ヤン・コットはずっと見守りつづけていて、シェイクスピアの歴史劇に見る政権の奪い合いは、ポーランド及びクレムリンの勢力争いとまったく同じじゃないかと思うようになった。つまり歴史の同時代性というものを、シェイクスピアの悲劇によって学んだ。それを書いたのが『シェイクスピアはわれらの同時代人』なのです。

これはなかなかいい本だと僕は思っています。ところが、林達夫さんが「私くらいになると、ヤン・コットのあの本のいかさまにはだまされない」と書いているんですね。僕はご存知のように林達夫をえらく尊敬してるでしょう。だから、林さんのこの評語が何に由来するのか、聞いてみたかったな、と思っているんです。

悲劇とは何か?

——このインタヴューの前に、目を通しておいたほうがいいと、丸谷さんが挙げてくださった本が五、六冊あって、そのなかに『シェイクスピアはわれらの同時代人』も入っていました。興味深く読みましたが。

丸谷さんが挙げた本のなかの、古典的といってもいい大物は、ジョージ・スタイナーの『悲劇の死』でしょうか。スタイナーは一九二九年にパリに生れたユダヤ系、四〇年にナチを逃れてアメリカに渡り、アメリカが活動の中心になったのですが、後にはケンブリッジ大でも講義をしています。そこでスタイナーにちなんで丸谷さんの悲劇論、あるいは悲劇と喜劇の分岐点などについて、話をうかがいたく思います。

丸谷　スタイナーの名前はたしか批評について話したときも出ましたね。スタイナーの『悲劇の死』は、いうまでもなくニーチェの『悲劇の誕生』の向うを張ったものですね。これは一八七二年の本ですが、ニーチェはディオニソス信仰の祝祭から悲劇が出てきたと見ている。これはケンブリッジ・リチュアリストの考え方とほぼ相前後して出てきているわけです。時代精神が、悲劇の発生という不思議なものを探究した。イギリスとドイツ、両方で探究したということでしょう。

ここで興味深いのは、スタイナーが悲劇の定義づけを避けていることです。「『悲劇』という言葉を使うとき、われわれには何の話をしているのかが分っている。正確には分っていなくても、少なくとも、ほんものの悲劇をそれと見分けられる程度には分っている」という。アウグスティヌスの、「時間とは何か？　人がわたしに質問しなければ、わたしはそれを知っている。質問に答えようとすれば、わたしにはもうわからない」の真似(まね)をしたせりふですね。それくらい、悲劇を定義するのは難しい。悲劇とは何なのかは、あの理屈の名人スタイナーですらうまくいえないぐらい難しいものなんですよ。

この前、エッセイについて語ったときに、エッセイは定義づけられないという話をしたけれども、どうも悲劇もそうであるらしい。いうにいいがたいもので、しかしそのくせ、あれだとわかるものだ。

例として挙げてあるのは、エウリピデスの『バッコスの信女』。これは人生に対する恐ろしく寒々とした洞察である。しかし人間の苦しみが度外れのものであるという、まさにそのことに人間の尊厳を主張できる根拠がある。そういうことを表現しているのが悲劇だというんです。悲劇においては、結末で悲しみと喜びが溶けあう、苦悩と歓喜が合体して見るものを高揚させる。これは他のどんな形式、たとえば小説とか詩にはない、不思議な効果である、というのは、非常に納得がいく説明ですね。

古代からシェイクスピアやラシーヌの時代までは、才能がありさえすれば、そういう効果のある作品が書けた。だがそれ以後は無理になった。なぜそんなことになったのかというのが『悲劇の死』の主題なわけです。スタイナーは、そこで嫌になるぐらいたくさんの理由を並べてみせるんですね。

――読んでいていちいちそうだなとは思いながら、ちょっと辟易（へきえき）するところがたしかにありました。

丸谷　ギリシア及びエリザベス朝では、社会の全階層が共同体をなしていた。十九世紀の大衆はそういう共同体から外れていて、文学趣味が低下した。社会的な重心は中産階級に移り、古典的演劇が衰退した結果、メロドラマが横行するようになった。ここで正統的な悲劇にかわって、小説が興隆した――というような論旨は、一つずつ見ればなかなか説得力があります。

それから、要するにロマン主義が悪かったという指摘もある。ルソーは、人が罪を犯すのは社会のせいだ、責任は彼個人にあるのではなく、彼を育てた環境にある。個人は全責任を負うべきではないと述べた。また、人間は罪を犯しても、その罪は罰に通じるものではなくて救済に通じるものだ。これがロマン主義の主張である。ゲーテの『ファウスト』とかワーグナーの『神々の黄昏（たそがれ）』とかは、みんなそういう思想の表現だ、とスタイナーはいっています。ゲーテもロマン派に入れちゃうんですね、ここでは。とにかくロマン派の芸術は、自己中心的で叙情的なものである。そういうところに悲劇は成立しない。自己中心的な態度は演劇性にとってはぐあいが悪いというふうなことを、スタイナーはいうんです。

――うーん。ジャン・バルジャンは悲劇的で偉大だけれど、メロドラマでもある。難しい文学論になりそうな感じですね。

悲劇と喜劇

丸谷　そこで僕は少し話の局面をずらしてみたい。うまく展開するかどうかわからないけれども。このあいだ、井上ひさしさんの『きらめく星座』の何回目かの上演を見たんです。あらかじめ断っておくけれど、僕はひさしさんは喜劇作者としては明治維新以後最高の劇作家だと思っている。ひさしさんが菊池寛賞をもらったときだったかな、ブレヒトの上をいくんじゃないかと書いたんだけれど、いまでもそう思っています。だって、ブレヒトよりずっとおもしろいもの。しかし、変なことをいうようだけれど、井上ひさしは喜劇作者じゃなく、悲劇作者としてはどうなんだろうか。こんなこと、いままでだれも考えた人はいないけれど。

井上ひさしは喜劇、とみんなが決めてるでしょう。『きらめく星座』では、これは東京の下町のレコード屋での脱走兵の話でして、ほのかなハッピーエンディングで終るんだけれど、その場面は舞台奥のほうに大きなカレンダーがあって、9という字が書いてある。十二月九日なんだ。昭和十六年十二月九日。ほのかなハッピーエンディングの後に、開戦の翌日のカレンダーが示される。そこで幕。要するにこの家にいる全員は、開戦によっていやおうなくこの戦争に巻き込まれていくだろう、そして数年後の三月十日の大空襲でひどい目にあうだろうということなんですね。

もう一つ、『紙屋町さくらホテル』という芝居。これは広島に向かう移動演劇団が、八月六日の原爆で全員死にますよというほのめかしで終る。この二つの芝居の悲惨な結末には、悲しみと喜びが溶けあう、苦悩と歓喜がまじりあうという、あの不思議な感覚はありません。

個人は責任を負うわけじゃない。日本人の愚かしさが戦争をもたらしたと主張しているわけでもないらしい。責任があるのは歴史そのものなんだ。これはひょっとすると、日本プロレタリア文学の偉大な後裔(こうえい)である井上ひさしに大変ふさわしい方法かもしれない。彼は地方のプロレタリア文学系の作家志望者の家に生れ、育ちましたから、歴史というものの巨大な力を、幼少時の家庭の環境を経てヘーゲルとマルクスから刷り込まれた。

別の見方をするとこの二つの悲劇あるいは擬似悲劇は、われわれ現代日本人が歌舞伎(かぶき)の悲劇を見るときの態度と大変よく似ているかもしれない。つまり救済というものがまったくないんです。歌舞伎には救いがあったけれど。ほら、『熊谷陣屋(くまがいじんや)』の幕切れで熊谷は「今ははや何思ふことなかりけり、弥陀の御国に行く身なりせば」と言うでしょう。死後の世界というものを信じてる。だから辛い話だけれど一抹の明るさはある。梅川と忠兵衛が心中したって、彼らは来世で添えると信じてるから救いがある。本来はあった、というべきかな。とにかく現代日本人とはまるで違う。江戸時代の見物が見るのと、われわれが見るのとでは、救いのなさが大違いなんです。

われわれのなかにも、あるいは来世を信ずる気持が遺伝みたいにして多少は残っていて、そのせいで少しは救われているのかもしれないけれど、やはりほとんど救われてはいないでしょう。というふうなことを、僕はひさしさんのあの悲劇を見て思ったのです。

――ちょっと利いたふうなことをいいますが、いまの、悲劇の不成立という話をうかがっていて、奇妙なことを思い出しました。「二十世紀では、事故は起こるけれど、悲劇は起こらない」というアルベール・カミュの言葉です。太平洋戦争の開戦も八月六日の原爆被災も、大事故あるいは大事件ではあるけれど、悲劇そのものにはならない。そう考えると、井上さんの作劇法は自然といえるのかもしれません。

丸谷 悲劇作者としての井上ひさしは、非常に多量の、卓抜なコミック・リリーフと、まことに上手な唄の使い方によって、観客をさんざん楽しませた挙げ句、最後に歴史というものに責任を負わせる作劇術を発明した。そういう劇作家なのかもしれない。

例外はあります。『父と暮せば』。これは悲しみと喜び、苦悩と歓喜が最後に訪れるすばらしい名作で、これは正統的な悲劇といえるでしょう。後味のいいこと、無類ですね。でも『きらめく星座』のばあいは、大変うまいものだとは思うけれど、正統的な悲劇とは違うような気がするんですね。

――いずれにしろ、悲劇作者としての井上ひさしという論じ方、これまでなかったのじゃないでしょうか。すごく新鮮ですね。

丸谷　スタイナーはまだまだいろいろいっていて、韻文でなく散文で書かれるようになって悲劇が滅んだとか、貴族が扱われなくなって悲劇が消えたとか。しかし彼がいちばん力説したいのは、悲劇と喜劇という二分法がそもそも無理なんだ、ということとみたいですね。これは僕はとても納得がいくような気がしました。人間的芸術というものは、文学の約束事なんかを超越してしまう。ギリシャ演劇は悲劇と喜劇を分けたけれど、たとえばシェイクスピアになると、うまく二分できない。『ヴェニスの商人』は喜劇ということになっているが、しかしあれは大変な悲劇でもある。どうも二つを峻別(しゅんべつ)するのは難しいんじゃないかしら。

話を少し変えますが、マキャヴェッリに『マンドラゴラ』という喜劇があるんですよ。シェイクスピアよりも前の人ですね。法学博士とその妻がいる。貞淑な美人なんですが、結婚して六年になるのに子供がない。この博士夫人にカッリーマコなる男が恋着して、リグーリオという食客に相談する。

そこで食客は博士を説き伏せて、温泉場にいかせるようにさせ、カッリーマコを医者に化けさせて、博士と近づきになるようにさせる。

カッリーマコはラテン語を駆使して博士を信用させ、不妊症にすごい効き目のあるマンドラゴラを博士夫人に処方しようと持ちかける。ただし問題が一つあって、その薬を飲んだ女性と最初に関係した男は死んでしまう、というんですね。当然博士はたじろぐが、カッリーマコは笑って、適当な男を市場で拾ってきて関係させるから大丈夫と請合う。

結局、この計画はうまくゆく。博士夫人は市場で拾って来た男に変装したカッリーマコと関係し、彼が色事が上手なのに大喜びして、今後、彼を家庭の友人にしたいと提案する、という筋ですね。

そういう話で、読んでいくと抱腹絶倒めちゃくちゃおもしろい。たしか岩波文庫にはいってましたが、しかし考えてみると、これは笑劇（ファルス）というもので、いわゆる喜劇とは違うんじゃないか。コメディというのはもっと何か仕掛けがあって、これほど荒唐無稽（こうとうむけい）ではない。何か物足りない。そこを物足りなくないようにしようとすると、シェイクスピアの喜劇になって、そうなると悲劇にも通じてしまう。どうも芝居の二分法は無理なんじゃないかと、この『マンドラゴラ』を読んで思ったんですよ。

――スタンダールは『ラシーヌとシェイクスピア』を書いて、シェイクスピアに全面的共感を示し、ラシーヌの古典的悲劇の法則なんてものは硬直していると疑問視しました。十九世紀の小説家らしい見解だとしても、ラシーヌまでは悲劇が成立し、シェイクスピアでは丸谷さんが指摘するように二分法が無効になっているんじゃないでしょうか。

丸谷　ベルクソンの『笑い』という有名な喜劇論がありますね。大ざっぱに要約すれば、人間的な欠点を笑うのが喜劇だということになる。

でも、訳者の林達夫は、ベルクソンはラビッシュの笑劇（ファルス）をたくさん見て『笑い』を書いたといってますね。この『マンドラゴラ』もまさしく笑劇で、喜劇ではないでしょう。すくなくとも、シェイクスピアの『十二夜』とか『お気に召すまま』とかが喜劇であるような意味では、そうじゃない。どうも喜劇論は難しいですね。アリストテレスがついに喜劇論を書かなかったとか、書いたけど残らなかったというのは、もっともな話です。

――悲劇と喜劇を気楽に分けるのが難しくなったその上に、こんどは喜劇と笑劇(ファルス)のどこに一線を引くのかという問題ですね。これも難しい。

丸谷　ここで話が変りますよ。これもスタイナーの説ですが、ニーチェのいわゆる「神の死」というのがあって、そのせいで悲劇はなくなった。絶対的な権威がなければ、悲劇の成立というものは難しいといっていました。そうかもしれない。おそらく何か人間の物の見方と関係するのでしょうね。

――チェーホフの四大戯曲、とくに『かもめ』『桜の園』は喜劇ということになっていますが、これはバルザックが自分の小説世界を「人間喜劇(コメディ・ユメーヌ)」といったのと同じような意味での喜劇なんでしょうか。

丸谷　僕はチェーホフの芝居というのは非常に立派なものと思っていますが、それに悲劇とか喜劇とか枠を当てはめる必要はない、という気がします。チェーホフに純粋な悲劇を書けとか純粋な喜劇を書けというのは、まるでチェーホフに長篇小説を書けと要求するようなものじゃないかな。チェーホフの芝居、ただそれだけで十分なわけでしょう。

芝居には色気が大事だ

——それは名言ですね。さきほど井上ひさしさんの芝居を非常に新しい角度から論じていただきましたが、その延長で現代日本の演劇全体に言及してみてください。

丸谷　近、現代の日本の劇作家では誰が偉大なのか。世間ではふつう三島由紀夫というでしょうね。だけど僕にはぴんとこないんですよ。うまいことはうまい。とてもうまいけれど、でも何かたわいがないんですね、僕にとっては。これは彼の小説についてもいえることなんですが。三島の芝居では、『鰯売恋曳網（いわしうりこいのひきあみ）』とか『鹿鳴館（ろくめいかん）』などがいいと思うんですよ。いいけれども、あれはウェルメイド・プレイ、よくできた芝居であって、それ以上のものではないような気がする。

　このたわいもないという感じは、三島由紀夫と並び称される木下順二の芝居についてもいえるでしょう。たとえば『夕鶴』という芝居、はたしてどれだけのものなのかしら。

——あれだけ上演されていることからすると、日本人はあれを見て繰り返し感動しているんでしょうか。

丸谷　疑問形でいってますね（笑）。ほんとはどう思っているの。

——高校生の頃、何か地方公演で見て一回は感動したかもしれませんが、それが最初にして最後という感じです。

丸谷　正直いってそういうものでしょう。よくできてるとか、おもしろいとか、そういう感想はあるでしょうけど、大の男があれを見て芸術的に感動するかとなると、ね。
――民話にある異類婚姻譚がもとにあるわけですね。見た記憶、読んだ記憶でいうと、『夕鶴』は近代的な抒情の世界という印象が濃厚でした。古い民話にある祭祀性のようなものに刺戟されるのかもしれませんが、その幻想が薄くなるにつれて、何をばかな、という印象になるんだと思います。

丸谷　僕は昔から、何をばかな風な考え方なんですね。『夕鶴』はどうも高く評価できないんです。源平のいくさに材を取った『子午線の祀り』は、戯曲は読んだけれど、見にいく気はしなかった。

つぎに、山崎正和さんの戯曲。『地底の鳥』という、スパイMを扱った戯曲が、じつにおもしろかった。スパイMを書いたら、とヒントを出したのは、浅利慶太さんらしい。さすがは大谷竹次郎、小林一三につづく興行師、浅利らしいすばらしいサジェスチョンだと思うんです。

しかし浅利の演出は感心しなかったな。歌舞伎仕立ての芝居なのに、妙に前衛演劇風の小細工を使った演出をやって、戯曲の魅力を消してしまった。役者は日下武史と水島弘で、この二人の顔合わせのうちでは最高のものではあったのですが。二人とも知識人ですから、山崎さんのロジックに裏打ちされたレトリックを、意味がわかって口にすることができる。

『地底の鳥』は、昭和初期の日本人はイデオロギーを信じていた。それは悲惨なことではあったけれど、いまになってみると、イデオロギーがあったせいである意味では幸福だったんじゃないか。いまわれわれはイデオロギーがないせいで、寂しがっているんじゃないか、という主題で、妙な角度から人間を研究したおもしろさがありました。

円地文子さんがこの戯曲をとても喜んでいました。歌舞伎仕立ての芝居であることが、円地さんに向いていたのかもしれませんね。でも困るのは、スパイMを扱った芝居なのに、全体に色気がないことなんです。この劇作家は、どうも色気がなくってね。

もう一つ、『獅子を飼う』（原題は『木像磔刑』）という、すばらしい名作がある。千利休と秀吉のドラマです。平幹二朗が利休、三津五郎が秀吉をやった再演を見て、ほんとうに感心しました。秀吉が喜んで踊りを踊るところ、秀吉の下手な踊りを踊りの名手三津五郎が下手なふうに踊ってみせる、それがまあすばらしいものでした。それから、平幹がしゃべる千利休のせりふ。千利休は、権力者という獅子を飼うつもりでやってきたんだけれど、それに失敗したという長ぜりふがあるんです。ロジックとレトリックがぴったり合って、近代日本の悲劇のせりふのなかでは最高のものじゃないかと思った。

ついでにいうと、三島由紀夫のせりふをレトリックとして最高という芝居好きがいるでしょう。僕は賛成できない。レトリックというものの考え方が間違っていると思う。裏にロジックがあって初めてレトリックなのであって、三島はロジックが弱いと思うんです。

『獅子を飼う』は、その悲劇性からいってもすばらしい名作だと思うんだけれど、残念なことに色気がないんですね。この劇作家に色気があれば、鬼に金棒なのになあ。利休がキリシタンの女性を囲っている。その女性に別の男が惚れていて、利休は女をその若い男に譲って別れる。そこのところがもうろうとしていて、利休と女とが体の関係があるのかないのか、注意深く聞いていてもよくわからないんです。難解でした。秀吉との関係についての長ぜりふと同じように、女をくれてやったことを嘆く嫋々（じょうじょう）とした長ぜりふがあればいいのになあ、と思いました。悔んだり悩んだりする、そういうふうに女の体を懐（なつ）かしむ男の未練を出すべきだと、僕は思った。そうすれば戯曲としてもわかりやすくなるし、千利休の人間的な奥行も出るし、平幹も仕どころが一つ増えて具合がいいでしょう。芝居が一段とおもしろくなる。あれは手を入れてもらいたいなあ。
俳優の肉体と肉声という具体的なものによって、観客にじかに訴える芸術である演劇では、エロチックな要素が大事なのは当り前でしょう。

（二〇〇九年五月十一日、東京・麻布）

【詩】詩は酒の肴(さかな)になる

「詩こそ文芸の中心」か?

——詩こそ文芸の中心にある、あるいはあるべきである。そういう議論は文学原論として定着しているようなところがあります。また日本の文学史、欧米諸国の文学史を見ても、たしかに詩が中心にきている時代がありました。ごく大ざっぱにいって、そういう時代は日本より欧米のほうが長くつづいたようにも見えますが、これは評価の仕方がかかわってくるから、話はそんなに単純ではないかもしれません。

しかしいずれにせよ、詩が中心の時代があった。きょうは文学原論的なこともさることながら、詩が中心にあった時代について具体的に話をうかがいたいと思います。またいっぽう、なぜ「詩こそ文芸の中心である」のかは、知識としては理解していても、その意味するところは必ずしも十分にはわかっていません。お話がそういう点にまで及ぶといいのですが。

初めに紹介しておきますが、丸谷さんは『日本文学史早わかり』で、二十一の勅撰集、つまり詞華集を指標にして日本文学の時代区分を考えるという、従来なかった画期的な文学史を一九七八年に刊行されています。

丸谷　そうだ、『日本文学史早わかり』というのがあった。忘れていました（笑）。日本の古典的な詩の世界については、大岡信の『うたげと孤心』を中心に話そうと思っていたんで、まあその方針でいきましょう。

ただし、日本の和歌、俳諧のことは後まわしにして、まず十七、八世紀の英語の詩と小説に関連する話題から始めましょう。それも、ちょっと変なところを入り口にします。

――変なところ、ですか（笑）。

丸谷　ええ、ジョン・クレランドの『ファニー・ヒル』、これは本来の題名は『快楽の女の回想』というんですけれども、この長篇小説は以前は単なる春本にすぎなかったのが、今はイギリス十八世紀小説の代表作、いやそれどころか、近代文学の重要な古典ということになっています。リチャードソンの『パミラ』、フィールディングの『トム・ジョーンズ』、ルソーの『新エロイーズ』、あるいはサドの著作などと並ぶ、格の高い本になりました。

ちょっとその一節を読んでみましょう。直訳風に訳してみたんです。

語り手＝女主人公が隣室の様子を覗き見している。

でも、与えられ受取られるあの激しくておびただしいくちづけの回数を数えることなんかできますかしら。二人の口が舌を重ね、この上ない力と喜びで互に入れあい楽しむのが見えるとき、くちづけでやりとりするビロードのようになめらかな攻撃の一部始終がよくわかりました。

そうこうしているうちに、鎮(しず)められ弱り果て、ずいぶん遅ればせに窪(くぼ)みから現れ出た彼の赤い頭をした戦士は今や絶頂の状態に立ち返り、ポリーの腿(もも)のあいだで勢いを盛り返して、たけりにたけっている。そしてポリーとしては、別にそれを収めて上機嫌にしたいという気はないものの、うつむいてそれを撫(な)でさすり、そのなめらかな先端を本来の口ではない口の双の唇のあいだに受入れる。

一読してわかるのは、ポルノなのに言葉づかいが優雅だということですね。十一世紀日本の『源氏物語』は、きわどいところは空白にするという手でいきましたけれども、近代の西洋ではまさかそうはいかない。そこで婉曲(えんきよく)にいうことにしたんでしょう。

六〇年代の性的解禁の際、これを復刻するときに、イギリスの出版社の社長が、『チャタレー夫人の恋人』なんかと違って卑語がない、フォー・レター・ワーズ、四つ文字言葉（cunt とか fuck とか）が一度も使われていないと威張ったことは有名ですね。ここではペニスは「赤い頭をした戦士」、陰唇(いんしん)は「本来の口ではない口の双の唇」といわれます。

ピーター・セイバーという研究者によると、クレランドはペニスのことを「歓楽の主たる器官」とか「愛の乳首」とか五十幾通りにいいかえているそうです。そしてこのいいかえが何をヒントにしてできたかというと、クレランドが前の世紀の宮廷詩人たち、とりわけジョン・ダンやトマス・ケアリーのレトリックに学んだものだそうです。ダンはいわゆる形而上派詩人の代表者ですね。T・S・エリオットが絶賛しているし、吉田健一も『英国の文学』で大きく取りあげています。

吉田さんは神保町でクレランドの『ファニー・ヒル』を手にとって大興奮、大感激して翻訳した。それが発禁になったとき吉田さんは居なくなって、どこを探してもわからなかったんですが、どうやら大磯の父親の邸にひそんでいたらしい（笑）。

――ダンのほうはたしか岩波文庫に原詩と対訳が一冊になっていますね。

丸谷　あれはとてもいい本ですから、あれでダンをお読みになることをおすすめします。ダンはそれで見当がつくでしょう。

ここではケアリーの詩を読んでみます。"A Song" という、ケアリーでいちばん有名な詩です。最初の一連だけを英語と僕の試訳で出して、あとは僕の試訳だけにします。

Ask me no more where *Jove* bestowes,
When *June* is past, the fading rose:
For in your beauties orient deep,
These Flowers as in their causes sleep.

もう聞かないでおくれ、六月が過ぎると
天帝が色あせた薔薇(ばら)をどこにしまうのかと。
なぜならあなたの美という艶やかな謎(なぞ)のなかに
これらの花は本来の場所に戻ったかのようにして眠っている。

もう聞かないでおくれ、太陽の発する
金粉はどこへさ迷うのかと。
なぜならあなたの髪を豊かにするため
天は純粋な愛によってこれらの粉を用意したのだから。

もう聞かないでおくれ、五月が過ぎると、
ナイチンゲールはどこへ急ぐのかと。
なぜならあなたの美声の震わせて歌う咽喉(のど)で
あの鳥は冬を越し、その調べをあたたかく保つのだから。

もう聞かないでおくれ、真夜中のなかへ
落ちる星たちはどこで光っているのかと。
なぜならあなたの眼に星たちはあり、

本体にあるかのように落ちついているのだから。
もう聞かないでおくれ、不死鳥がかぐわしい巣を
かけるのは東のほうか西かなどと。
なぜならあの鳥はとどのつまりあなたへ飛んで来て
あなたの匂（にお）やかな胸で死ぬのだから。

第四連の「本体にあるかのように」ということの「本体」は、プトレマイオスの天文学によるものだそうで、よくわからないんだな。それから五連目の不死鳥。不死鳥は香木で巣をつくるという伝説があるんですね。だから「匂やかな胸」ということになるんです。

原詩を見てください。bestowes と rose、deep と sleep というふうに韻を踏んでいますね。beauties orient deep というきれいな言いまわしの deep の［iːp］が sleep でまたくりかえされておもしろい効果をあげる。bestowes と rose の［ouz］も同じこと。そして一行が弱強、弱強という二音節で進んでいく。弱強四歩格といって、一行のなかに弱強が四組ある。それが四行でできていて、四行が五連並んでいるのがこの詩です。

こういう具合に定型の韻律があるのが正式の詩なんですね。訳詩だと韻が踏めないからそれがわからなくなりますが、キーツだってボードレールだってハイネだって韻律があるんです。これは非常に大事なこと。

漢詩にも韻律があるのは、原文を見れば見当がつく。昔の日本人は書き下しで漢詩を読まなかったんですって。音を頭に浮べながら黙読していくと、意味はだいたいわかるし、韻を踏んでいるのもわかるわけでしょう。

——そのばあい、音で読むといっても、日本漢字の発音で読むわけですね。中国の発音にわりと近いとはいえますが。

丸谷 そうですね。中国語の発音、いわゆる唐音というのは、荻生徂徠と門人たちはやったらしいけれど、普通の人はできないわけですね。高島俊男さんの説によると、紫式部なんかは漱石と同じような読み方で漢詩、漢文を読んだんじゃないか。遣唐使が廃止されてから百年以上経って いるから、発音はもうおかしくなっていたんじゃないかということです。

——日本における漢文、漢詩というのは、なにか不思議な感じがする話ですね。

レトリックと音楽

丸谷 とにかく西洋の詩には韻律がある。イギリスでもフランスでもドイツでも。それからもう一つ大事なのは、昔の戯曲は大部分が詩のかたちで書いてあることですね。主な部分は韻は踏んでないけれど、律はあって、たとえばシェイクスピアの戯曲、やはり弱強の律、アイアンビックにのっとって書いてある。To be, or not to be: that is the question. もそう。また『マクベス』二幕二場の、The multitudinous seas incarnadine, Making the green one red.「うねりにうねる大海原を唐紅(からくれない)に染めて、あの青さを赤一色に変えてしまうだろう」というのも、無韻詩つまりブランク・ヴァースの書法で書かれています。

シェイクスピアの戯曲は、詩で書いたせりふ、散文のせりふ、それから作中人物が歌う歌謡の三つでできている。そして詩で書いたせりふには律があり、歌謡には韻と律と両方がある。

たいていの国の古典劇はそういう仕組でできているんだけれど、現代日本人はみんな翻訳で聞くものだから、それを意識しないで、なんとなく散文でやっていると思っているでしょうが、古典劇は大部分が詩だったということを頭に入れておくと、世界文学史がもっとはっきりしてくるんですよ。


——西洋の文芸的世界に大きな位置を占めていた戯曲でも、詩が支配していた、ということですね。


丸谷　そうです。そして西洋の詩は一般に韻律をもっている、それが詩の重大な資格なわけです。

そこで大問題になるんですが、詩には、レトリックつまりいいまわしの面白さと、韻律つまり音楽的な楽しさと二つがあって、詩はこの両者を同時に味わわせる快楽なんです。レトリックと音楽との同時的並存、相乗的効果、それが詩という快楽をもたらす。

えーと、今の説明で、レトリックというのは実体なんだけれど、音楽というのは実体じゃなくて比喩(ひゆ)的表現にすぎないわけです。音色とか音程とか旋律とかが詩にあるわけではない。しかし比喩的に音楽というしかない楽しさ、美しさがある。仮に音楽に見立ててみるしかないものが詩にはあるということです。

このレトリックと音楽の同時的共存というのは、じつは文学の重大条件なんです。文学の中心部には詩がある、またなければならない。それは文学というものは、いいまわしの面白さと、言葉の連なりの美しさ、意味とは別の音の楽しさ、それが同時にあるということが要求されるわけですね。それに似たものがあらゆる文学に要求される。たとえば芝居のせりふ、これはさっきいったようにもともと詩なんだから、そういう快楽がある。小説のせりふ、あるいは地の文にも、やはりそういうレトリックと音楽の共存に近いものがあることが普通だし、なければならない。

——しかし、現代文学にはそれがないし、可能なのでしょうか。

丸谷　散文の美は韻文の美と違うというのを強調すると、その疑問の方向にゆきます。でも、散文にだって基本の所で、レトリックと音楽の併存に近いものはありますね。

たとえば夏目漱石の小説なんか読んでいると、そういう感じがたしかにあります。森鷗外の小説や史伝は立派な散文だけれど、しかし耳にこころよい。大岡昇平さんの『野火』は、新約聖書の言葉づかいを使って非常にきれいな文体になっている。新約聖書を使っての『野火』の成果というのは、さっきのダンやケアリーの詩の表現法を使ってのクレランドの文体の美しさと似たような事情ともいえる。春本と一緒にされては困る、と大岡さんは怒るかもしれないけれど。

——このへんで、日本文学史のなかでの詩の世界について、お話を転じてください。

丸谷　明治維新以前、日本の詩にはいまいったレトリックと音楽の同時的共存というのがあったのです。和歌にも俳諧にもあったし、さっきいったように漢詩にももちろんあった。漢詩には韻があり、和歌や俳諧には韻はなかったけれど律はあった。七五調とか五七調とかいう一種の調べですね。かつての日本文学の中心部には詩があり、物語も能や歌舞伎も七五調の和歌から生れた。これは非常にはっきりしていますね。『源氏物語』は『古今集』や『拾遺集』などの和歌から生れた。それから批評の中心には歌学――歌の批評があり、最高の批評家は紀貫之と藤原定家という歌人＝批評家だったわけです。

――最初にちょっと紹介した丸谷さんの『日本文学史早わかり』は、かつて日本の文芸の中心にあった詩、そのことの証しであるような勅撰集という詞華集の意義をクローズ・アップして、日本文学史を新しい視点から読み解いたものでした。宮廷文化の中心に和歌があり、それが各時代に日本の文芸世界に浸透していったことがじつによくわかりました。また、十五世紀末から十九世紀末ないし二十世紀はじめまでを「第四期　七部集時代」として、芭蕉の七部集を中心に見たことも面白いですね。日本でも文芸が詩を中心にしていた時代が長々とつづいていたわけですね。

丸谷　ところが、明治の末になると状況がたちまち変ってしまった。七部集時代が飽和点に達したのね。西洋文学を導入しなければならなかったし、七五調は陳腐なものになってしまっていた。文語詩というのをやってみたけれど、文語表現が衰弱していた。結局、詩は口語散文詩ないし行分け散文になった。このせいでといういい方は乱暴だけれど、詩が文学の中心部でなくなったんです。

他にも複合的理由があるでしょうが、とにかく日本近代文学は詩を失った。それでもなおかつ文学であろうとしたという、非常にかわいそうな文学なんですよ。

――明治維新以後、詩作をおこなったじつにさまざまな才能があるにもかかわらず、そういう状態になってしまったということですね。

韻律をめぐって

丸谷　詩はやはり韻律が大事。日本の詩では和歌でも俳諧（はいかい）でも律はあるけれど韻はないでしょう。ところが、西洋文学と接触したせいで、韻もある状態にしようと考えた人々がいて、その代表が九鬼周造という哲学者なんです。岩波書店から『文芸論』というのが出ていて、そのなかに日本の詩も韻律をもたなければならないという主張があり、自分が試作してみた作品も添えてありました。

僕は中学生のときにそれを読んで、異様なものだなあと思ってあきれたんですが、中村真一郎さんは高校生のときにそれを読んで感動し、自分でも韻律のある詩をつくってみた。それがグループ活動になり、『マチネ・ポエティク詩集』になるわけですね。中村真一郎さんをはじめ、福永武彦、加藤周一、窪田（くぼた）啓作などの面々がみなさんやっています。だいたいフランス詩の真似（まね）という感じを、韻を踏んでやるわけです。中村さんの詩は、一種の高踏派というべきかな？　象徴派まで行かない、ロマン派の崩れみたいなものでした。みんなあまりよくないんです。そのなかでは原條（はらじょう）あき子さんのがいちばんいいと思いました。

――池澤夏樹さんのお母さんですね。数年前、池澤さんが原條あき子の詩集を改めて編集し、出版しました。

丸谷　でも、いちばん詩情がある原條あき子の作品でさえ、ここに引用するほどのものじゃない。「マチネ・ポエティク」の具体的な成果はほとんどあがらなかったわけです。まあ、日本語では無理なのかもしれませんね。韻を踏むと、音楽的快楽というよりも、むしろ語呂合わせみたいになって、なんだかおかしいんですね。

「マチネ・ポエティク」には当時いろいろな批判があったのですが、僕がいちばん感心したのは辰野隆先生の批判でした。辰野隆は、ああいう大変なことをやるためには天才が出なければダメなんだ、とどこかでいってたんです。たしかに北原白秋、中原中也、あるいは萩原朔太郎くらいの天才が押韻詩をやったらできたかもしれない。しかし彼らくらいになると、そんなことはしないという論理も成立するわけですね。

——白秋には、はっきり二行ずつはやっていないけれど、韻を踏むということが頭にあったかもしれませんね。「マチネ・ポエティク」の人びとが意識していた立原道造の作品にははっきり韻を踏んでいる詩はほとんどないけれど、音律のほう、言葉の響きの音楽性についてはそうとうに工夫をこらしていますね。

丸谷　菅野昭正が晩年の中村真一郎にパーティーかなにかで会ったときに、「マチネ・ポエティク」の詩は無理だったんじゃないですかみたいなことをいったんですって。なぜなら、シュールレアリスムの運動のせいで、世界の詩の流れは音楽よりもむしろイメージを重んじるように変ってきた。「マチネ・ポエティク」はそういう形勢を無視して音楽性を求めたのではないか。そういったら中村さんはしきりになにか反論していたそうだけれど、僕はこの菅野の理論は面白いなと思いました。僕なりに補強していうと、シュールレアリスムとイマジズムで、どちらもイメージが中心、そういうふうに詩の流れが変ってきていたんですね。

——そうなんでしょうね。現代詩の流れからすると、押韻というのはなにか二時代ぐらい古い感じがしますが、中村真一郎たちはなにか西欧の正統的なものを求めたんでしょう。

丸谷　僕が「マチネ・ポエティク」以後で、韻を踏むのに近いことをしていて成功している詩だと思ったのは、大岡信の「地名論」なんです。

地名論

水道管はうたえよ
御茶の水は流れて
鵠沼（くげぬま）に溜（たま）り
荻窪に落ち
奥入瀬（おいらせ）で輝け
サッポロ
バルパライソ
トンブクトゥーは
耳の中で

雨垂れのように延びつづけよ
奇体にも懐(なつ)かしい名前をもった
すべての土地の精霊よ
時間の列柱となって
おれを包んでくれ
おお　見知らぬ土地を限りなく
数えあげることは
どうして人をこのように
音楽の房でいっぱいにするのか
燃えあがるカーテンの上で
煙が風に
形をあたえるように
名前は土地に
波動をあたえる
土地の名前はたぶん
光でできている
外国なまりがベニスといえば
しらみの混ったベッドの下で

暗い水が囁(ささや)くだけだが
おお　ヴェネーツィア
故郷を離れた赤毛の娘が
叫べば　みよ
広場の石に光が溢(あふ)れ
風は鳩(はと)を受胎する
おお
それみよ
瀬田の唐橋
雪駄(せった)のからかさ
東京は
いつも
曇り

「うたえよ」と「延びつづけよ」のエヨ、これは韻を踏んでいるような効果があるし、「精霊よ」のイヨないしエヨもそれに近いし、それからずっといって、「叫べば　みよ」と「おお／それみよ」の「みよ」。「ヴェネーツィア」のイアもあって、まあ、ところどころで韻を踏んでいるといえないこともないし、詩として大変立派だし、おもしろい。こういうのは日本では珍しいと思うんです。無意識にやったのかもしれない。

――韻を踏んでいるというより、すばらしい音楽的効果がありますね。

大岡信の幸福感

丸谷 「地名論」を褒めたついでに、ここで大岡信論を少しやりましょう。大岡信は、日本の古来の詩つまり和歌や俳諧と現代詩を結びつける詩人であり、また詩人＝批評家であるということです。彼の『うたげと孤心』、『紀貫之』は現代批評の名作であると思っています。『折々のうた』は、勅撰集（ちょくせんしゅう）の役割を果たしているような、大岡版の大アンソロジー。ちょっと自慢していうと、僕の発句も一句選ばれている。

――何が入ってますか？

丸谷 「ばさばさと股間（こかん）につかふ扇かな」というのが入ってます。これが朝日新聞に載った朝に、野坂昭如から祝電が来た（笑）。

大岡の姿勢は、日本への回帰というようなものじゃないということが大事なんです。復古趣味とか国粋趣味とかいうものじゃなくて、T・S・エリオットの伝統論に近い。伝統的であることによって前衛的になるという態度。やはり彼は根がシュールレアリスムの詩人なんですよ。

そして面白いのは、彼が近代及び現代の日本の詩では珍しい、幸福感を歌う詩人だということなんですね。幸福感を歌うということと、彼がしきりにいう日本文学史における「うたげ」、つまり祝祭的性格とが一致している。これが僕には面白い。
　日本近代詩というのは、これは日本近代文学全体がそうだといってもいいんですが、とかく虚無感とか苦悩とか寂寥（せきりょう）とか孤独とか、そういうマイナスの色調で塗られている。そうすると、詩になる、文学になるというところがあるでしょう。そうではなく、プラスの色調で塗ると、おめでたくてばかばかしいみたいな、非文学的みたいな感じになる。吉田健一という人は、わりとそんなふうに見られる面がありますね。

――吉田健一には苦悩と憂鬱（ゆううつ）が文学であるという近代日本文学への、徹底した批判がありますね。

丸谷　だから吉田さんが大岡信を褒める。とても筋が通っているところがあるんです。マイナス・イメージこそが文学であるという風潮が明治以来ずっと続いていて、そのなかで大岡信は実に大っぴらに幸福感を歌う。これは北原白秋よりもその度合いが強いんじゃないかな。

――白秋のいい詩には、その幸福感が流れているものが多いですね。

丸谷　そう。でも白秋よりも大岡の方がもっと徹底していると思う。その点でいうと、大岡に比べれば、谷川俊太郎は意外に虚無感とか倦怠感（けんたいかん）とかで裏打ちされている感じが強い。マイナスの出し方が、都市的でしゃれてるけどね。とにかく、大岡はのびのびと幸福感を歌う。これは彼が親しんでいる和歌の哀愁好き、それから俳諧のわび、さび好きに対する批判であると同時に、日本の詩の原点である祝祭的なものを復活しようとする態度なんじゃないか。
　もう一つ、大岡の詩の特色は、言葉の選び方に調和、ハーモニーがあることなんです。もちろんこれは谷川俊太郎についても言えることだけど。いつでしたか、杉本秀太郎さんが与謝野晶子度が近代日本文学にはあるんですよ。

の短歌を評して、言葉が乱雑に選ばれていて、それが組み合わせてあるので調和がないし、論理が乱れてる、と指摘していました。ボードレールの詩にはそういうことはない。蓮月尼の和歌にもそういう欠点はない、というんですね。なるほどなあ、と思った。近代日本文学の批判として実に鋭いところを突いている。確かにその通りで、言葉の組み合わせが出まかせでいいという態度が近代日本文学にはあるんですよ。

西洋文学から、文学は観念が大事だということを学んだ。それがまず頭にあって、観念性を出さなきゃならないというので、手当りしだいにがちゃがちゃと観念を入れたんですね。そのためにおかしくなった。言葉の選び方の感性が粗雑になったという面が近代日本文学にはあるんですよ。小説家も批評家も、劇作家ももちろんそうだけれど、特にひどいのが詩人なんだ。観念を手当りしだいぶち込んで、画面が粗雑になっていて、見ていて顔をしかめたくなる。そういうふうに顔をしかめさせるのが詩だというふうに読者を教育したのが、近代日本の詩ですね。

そのいちばん典型的なのが、「荒地」系統の詩人。鮎川信夫なんていう人は、その面がひどいと思う。詩の内容も観念的というのかな、要するに挫折感を妙に気取ったような難しいいいまわしでいうのが実存的だと誤解した、そういう詩人でしょう。谷川雁という人は、御存命ですか？

――九〇年代半ばに亡くなりました。「荒地」系統の人ではありませんね。

丸谷　うん、でも言葉の選び方やなんかが、「荒地」的な感じが僕にはするんです。言葉の組み合わせに調和がない気がする。その点、「荒地」ではあるけれど、田村隆一だけは何とかうまくやっているんですね。あれは語感が鋭いんだと思う。それで論理の面でもわりにしっかりしている。後期のライト・ヴァースなんかは、特にうまくやっていると思う。どうもそういう点で、僕はいったいに「櫂(かい)」系統の詩人たちのほうがなにか性(しょう)に合うんです。言葉の使い方に運動神経があって、見ていて面白いんですよ。

――いまのお話に反論する場ではありませんが、ちょっと異論を。谷川雁の詩は「荒地」とは出てきている場所が違うように思います。政治的プロパガンダすれすれという面はありますが、言葉使いがみごとだなあと思う詩が多い。それから田村隆一、「荒地」というエコールと違うところで詩を書いているとしか思えません。田村の『四千の日と夜』という詩集を刊行と同時代的に読んで、戦後詩の流れを超えて、天才がパッと現われたという気がしました。先ほど挙げられた谷川俊太郎、これも同時代的に『二十億光年の孤独』を読んで、日本の近代詩の流れのなかにある憂鬱と不機嫌とはまったく別のところで詩を書いている、明るい少年という印象がありました。

丸谷　田村隆一については、僕も同感。近代日本文学では、交友関係と文学的流派とがこんがらかってるから話がややこしくなるのね。志賀直哉と里見弴(とん)が同じ流派に属することになったりして。谷川俊太郎は才能があるし、ものすごい勉強家ね。勉強しているところを見せないようにしているけれど。ただ、谷川俊太郎は論じにくいんです、うまいといってしまえばそれでおしまい、みたいな感じになっちゃうんです。あと現代詩人では入沢康夫かな。とりわけ『わが出雲・わが鎮魂』、長い詩ですがまさに名作で、僕が現代日本詩のアンソロジーをつくるとしたら、あんなに長くても、『わが出雲・わが鎮魂』をぽんと入れてしまう。あとは中村稔の作品を二つ三つ入れるかな。うん、それから多田智満子(ちまこ)。あの詩人、すばらしいですよ。

――中村稔さんも、ソネット形式の詩ですね。

丸谷　中村稔論をやるとすれば、そのソネット形式が問題になるでしょうね。あの形式にどれだけ必然性があるのか、ということで。

近代日本の詩人たち

――少し話題をずらして、近代日本の詩ではどういう詩人を評価するか、うかがわせてください。

丸谷　僕と日本の詩との関係はかなり変なものでしてね。今にして振り返ってみると、まず最初に詩というものがあることに気がついたのは島崎藤村だったかな。『若菜集』を見て、なかなかいいものだと思って、次は佐藤春夫。それから萩原朔太郎に出会って、これはほんとうに感心しました。このときでしたね、僕が文学というのはすごいものだと思ったのは。次にそういう感銘を受けたのが中原中也かな。

――朔太郎は『月に吠える』からですか。あれは確かに近代日本文学独得の「苦悩する人生」とは違う感覚にみちていますね。

丸谷　そう、あの虚無感や倦怠が近代日本文学の不機嫌と違うというのもその通り。『月に吠える』からすぐに『青猫』も読んで、熱中したといっていいでしょう。変な話をするとね、文房具屋に行って万年筆を買うとき、紙にちょっと試し書きをしてみるでしょう。僕は、「しづかにきしれ四輪馬車」というあの詩を書くんだよ。今でもそらんじているということですね。

天景

しづかにきしれ四輪馬車、
ほのかに海はあかるみて、
麦は遠きにながれたり、
しづかにきしれ四輪馬車。
光る魚鳥の天景を、
また窓青き建築を、
しづかにきしれ四輪馬車。

万年筆屋で詩を書く人はいないかなと思っているんだけれど、みんな丸をぐるぐる書いたり、三角を書いたりしてる。

――いやあ、初めてうかがいました。面白い。

丸谷　萩原朔太郎にはほんとうに興奮した。あれだけ興奮し傾倒したのに、僕は朔太郎論は一度も書いていないんだ。面白いものですね。

――どうしてお書きにならなかったんですか？

丸谷　どうしてなのかね。注文も来なかったし、それがいちばんの理由かなあ。石川淳さんは、どうして夏目漱石を論じなかったのかと聞かれて、注文が来なかったからだと何かで答えていました。尊敬はしていたけれど、鷗外のほうが上なんですね。「鷗外先生」に対して漱石は「夏目さん」だった。格が違うんです。

——戦前の詩人というのではありませんが、三好達治はどうですか。谷川俊太郎さんを最初に世に送り出したのは三好達治ですが。

丸谷　あの人は言葉の感覚が鋭くていい詩人です。ただあの戦争詩が、僕にはどうもわからなかったな。

それで思いだすのは西脇順三郎。昭和十年代になると沈黙して、一編も戦争詩を書いてないんじゃないかな。慶応の教授で、家に財産があって苦労がなかったというのが大きいでしょうけれど。僕は戦後になって、『Ambarvalia』とか『旅人かへらず』を読んで、新鮮さにびっくりしました。その頃はエリオットの『荒地』とかオーデンの詩とかを英語で読んでるわけです。どれだけわかったかはともかくとして、とにかく読んでいる。だから日本の「荒地」には厳しくなってしまうんですよ、これはまあ仕方がない。日本の「荒地」には粋な感じとか優雅な感じとかがまったくないでしょう。これも田村隆一は別にしての話。福田恆存がエリオットを保守性だけでつかまえたのと同じように、「荒地」の詩人たちはエリオットを戦後の荒廃とか、そういうところでつかまえた。単純だった。

さっき僕は、谷川俊太郎の詩に感心していながら、彼の詩を論じるのは難しいといった。これは一つには、日本の文芸評論には詩について何かを語る伝統がまったくないからかもしれません。

小林秀雄が戦前、自分は詩壇の事情に疎い、こんな文芸評論家が外国にいるだろうかと書いたことがありました。実際、日本の批評は明治以来ずっと詩について論じなかったんです。小説が中心だった。しかもその小説論が、小説にことよせて社会と人生を論ずるというものだった。そういう小説論に引きずられたのか、ほんのわずかにある詩論も、実は社会論と人生論にすぎなかった。それに引きずられるようにして、今の日本でいちばん人気のある詩人は、相田みつを。

——うーん、それは考えませんでしたが、そうか。しかし、あれを詩とは考えないほうがいいんじゃないでしょうか。

丸谷　同感。僕もあれは詩ではないと思うけれど、しかしみんなは詩だと思ってるんですよ。詩それ自体について書かれる批評がほんとうに少ないのは、実はわれわれの社会が詩を求めていない、詩の読者がいないからなんです。相田みつをの読者はいても詩の読者はいないという事情の反映でしょう。なぜ詩の読者がいないのかという問題がじつは日本の詩を論じるときにいちばん大きな問題だと思う。日本の戦前の小説があああいう調子だったのは、普通の小説の読者がいなかったからでしょう。ごくわずかの同業者が雑誌で読んで、作者の人生態度をののしったりするのが小説論だった、という面がありますね。

日本の詩だって、詩の読者がいないからぐあいが悪いんですよ。

詩というものは、いや文学一般にそうなんだけれど、テクストがあればそれで詩があるというわけじゃないんですね。テクストがあって、そのテクストのもたらす意味と音と映像と、テクストを書いた詩人の心を体験する読者がいて、読者が体験するときに初めて詩が成立する。これはドイツ＝フランス系統の考え方で、読者による受容理論というのかな。

菅野昭正が『詩の現在』のなかで、同様のことをいっています。詩はテクストがあってそれですむものじゃない。テクストと読者との交流があったときに初めて成立する、といっています。ところが、肝心の詩の読者というのを、近代日本はもっていなかったんです。

——なるほど、詩とその受容の仕方というふうに限定して考えてみると、おっしゃることの意味がいっそうはっきりしますね。

丸谷　意味と音と映像によってテクストが成立するという、そこのところをもう少し分析的に考えてみましょう。詩的な創造というのは、連想によるレトリックとか、同音異義による刺激とか、音の連鎖とか、漠然とした意味の連鎖、さらには記憶の連鎖とか、そういうものによって、まるで人間が夢を見るときのようになにか混沌（こんとん）としたものが詩人の心のなかに出てくる。それは大部分が意識下にある混沌としたもので、夢の場合と同じように言語による連想作用であるわけですが、その出てきたものを夢の場合と同じように何かが検閲する。この検閲というのはフロイトの用語です。本能的な衝動を抑圧して意識面から排除する、整理する。そういうふうにして詩人が詩をつくる。そのつくった詩を、今度は読者のほうでも検閲をやる。検閲をしながら整理して読んでいく。

ノースロップ・フライというカナダの学者がそういっているんです。少し整理しすぎみたいな感じもしないではないけれど、わりにうまく説明している。そういわれてみればそういう面もあるという気がするんですよ。

詩人が無意識を検閲して詩というテクストをつくる。詩の読者がそれを読む行為によって検閲して受け取る。そこで詩人と読者との共同作業によって詩が成立するというふうに考えてみますと、今の日本になぜ詩がないのか、なぜ詩がこんなに不幸な状態なのかが、わりによくわかってきます。

――日本ではかつてそうでない時代があったことまで、思いだされるような気がしますね。

丸谷　大岡信の『うたげと孤心』その他における、日本古典詩、つまり和歌、歌謡、俳諧への関心は、かつて詩を楽しんでいた共同体があったことを懐かしんで、あれはぐあいがよかったといっている。

王朝の頃、男は女を口説くときに恋歌を贈った。すると女は歌を詠んで返した。素人がこの恋歌のやりとりをするには虎の巻が必要だから、そのための教科書を天皇がつくらせた。それが勅撰集で二十一もあるわけです。毎回、従来のものより少し新風を入れて、新しい文学趣味にのっとって勅撰集をつくる。みんながそれを参考にして、今風の恋歌を詠んで贈答しあったわけです。そこで文学の新風が社会と風俗になじんでゆく。どうして今の日本ではそういうわけにゆかないのか、というのが大岡信の主題でしょう。

もともと詩はおまじない、呪術の道具でもあって、そこから転じて社交の道具になった。その後、藤原定家の頃に、芸術品になったんですね。近代日本においては、輸入された西洋文化の影響もあって、呪術とか社交とかいう基盤を抜きにして単なる芸術品になった。この西洋伝来の芸術、文学という概念のせいで、詩は社会から遊離した。吉田健一がしきりに、文学というのがよくないんだ、というのは、そこを指しているんですね。社会と結びついている詩、社会と結びついている文学。それをつくらなきゃならない。そのためにはというんで、大岡と朝日新聞は天皇になりかわって、『折々のうた』という一大アンソロジーをつくったわけね。

詩の国

――『折々のうた』を考えると、大岡さんのあの仕事が成立したのは、膨大な俳句人口と和歌人口がいたからではないか。素人で自分でつくる人たちですね。『折々のうた』が勅撰集にかわるものだとすると、こんなに文運栄えている国は世界中にないともいえます。

丸谷　日本がいかに高級な詩の国であるかは、オクタビオ・パスが褒めている。そういう一面があるということでしょう。

――近代以後の詩と国民の乖離(かいり)はたしかにあるんですが、いっぽうで日本人はずーっと俳句をひねりつづけてはいませんか。

丸谷　俳句と短歌には日本人の生活と結びついたかたちがある。それ以外の詩となると、がぜん社会から遊離している。近代日本人は、「百人一首」という和歌の詞華集、「歳時記」という俳句の詞華集は持っていて、全国民的に親しんでいるけれど、詩の詞華集はないでしょう。

でもねえ、何といっても、短歌と俳句は三十一音と十七音、字数が少ないから、なかに盛るべき内容が少ないんです。三十一音の短歌のほうが物をいいやすいと思いがちだけれど、そうでもないんです。明治までの和歌と違って飛躍がないし、枕詞とか本歌どりという手法もないし、現代短歌では三十一音が単なる三十一音なんです。その点、俳句のほうが十七音と短いわけだけれど、句切れによって、句と句の間に空白ができ、そこに意味が入っていく。俳句のほうがむしろ意味が膨らんでいるような状態になっていますね。しかし、しょせんは両方ともあまりにも短い。そして和歌的、俳諧的伝統の情感が限定されている。今の社会に生きている感情が全面的には歌えない。そういう不利な面がたくさんあって、統計学的な隆盛とはちょっと違うんですね。

——俳句、和歌のような伝統的短詩型と、明治以来西洋から輸入された行分けの詩、二つのものの命運がどうなったかは、別々の論じ方が必要で、近代詩のほうは小説がたどった運命にわりあい似ている、というのが今までのお話と受け取れます。

丸谷　大ざっぱにいえば、そんなことです。近代詩は観念を盛ろうとして、非文学的なものになった。この問題について、原論的な解説を少しやってみましょう。エズラ・パウンドの『詩学入門』、これは沢崎順之助のいい翻訳があります。パウンドは誰かのせりふを引用して、「偉大な文学とはまさに能うかぎり意味が充電された言語である」と。さらにパウンドいわく、「言語はまず民族が残してくれていったまま受け入れられるものである」。つまり遺産ということ。「山」という言葉も「恋ふ」という言葉も民族の遺産である。だから意味がわかるし、使える。そのほかに「連想がついてくる」。incarnadine「唐紅に染める」という言葉を使えば、マクベスのあの有名な場面のあのせりふを誰だって連想する、といってるんです。

『新古今』に、藤原家隆の、

かすみたつ末の松山ほのぼのと浪にはなるる横雲の空

というのがありますが、これを見たとたん昔の日本人はすぐその本歌である『古今』の東歌(あずまうた)、

君をおきてあだし心をわがもたばすゑの松山浪もこえなむ

を思い出します。すると、霞(かすみ)のかかった末の松山の景色が、がぜん恋愛の情緒に染められて色っぽくなりますね。風景がぐっと優美になる。そのように詩的伝統というものがあるんです。単なる民族の言葉の伝統のほかに、文学的伝統があって、そこで詩が充電される。パウンドはそういうことをいってる。

でも、大岡の「地名論」を読んで、和歌の歌枕(たとえば花の吉野山や紅葉の龍田川)とか、プルーストの『失われた時を求めて』の「土地の名」を意識の底で思い出す読者は、ほんの一握りなんじゃないかな。ほとんどいないでしょう。

——歌枕が亡(ほろ)びつつあるのは、ほんとに無念という気がしますね。

丸谷　詩のテクストがあってそれを読者が享受(きょうじゅ)するという場が大事なので、ほんとうは一つの文明のなかにその場がなければ、詩はないわけです。大岡信が日本古典文学論をあれだけ書いたのは、その詩の場を求めようとしたからなんですね。

現代の詩人たちは、世界的に見てもそれを探している。エリオットとかヴァレリーの評論だってみなそういう動機があるんです。萩原朔太郎が書いた評論だって同じことですね。詩人が批評家になって、文明評論を書くところに追いつめられてきているのが現代の文学的状況なんです。新聞の時評を見ると、文芸時評という小説の評判記と論壇時評という政局論と景気論の評判記はあるけれど、誰も文明なんか論じない。言葉の問題なんか論じない。こういう社会じゃ詩は無理なんですね。

非常に悲観的な結論になるんだけれど、もっと詩が存在する文明をなんとかしてつくる方向で行かないと、相変らず詩は日本の社会にはないでしょうね。

——悲劇的ではあるけれど、現状がそうだとすれば、あと何年待つのか。ところで、吉田健一さんなんかは、やっぱり生活のなかで詩を享受していたんでしょうか。

丸谷　吉田さんは、一杯飲んでるとき、丸谷さん、あなたの好きな詩はどんな詩ですか、みたいなことをいう。僕が英語の詩で覚えているのを数行、十六世紀のトマス・ナッシュの詩かなんかをいうと、ああといって、くちゅくちゅと口のなかで繰り返す。そして、ああきれいだな、とかいって喜ぶ。カラスミとかウニを食べるような感じなんですよ。詩が酒の肴(さかな)になるのね。僕はなるほど詩というものはこんなふうにして楽しむものか、と思いました。

（二〇〇九年八月十一日、東京・麻布）

*

あとがき

まづ湯川豊さんに感謝しなければならない。この文学的感受性に富み、文学的教養が豊かで、しかも文学の現場に詳しい年少気鋭の友人をインタヴュアーとして得なかつたならば、わたしのものの考へ方、文学観、文学趣味がこんなにのびのびと語られしかも整然とまとめられることはあり得なかつたらう。わたしは終始、インタヴュイーであることのしあはせを味はひつづけた。

次には「考える人」編集部の松家仁之さんと須貝利恵子さんに御礼申上げる。松家編集長は新奇にしてかつ正統的な企画を立て、対談の席に常に居合せてわたしたち二人の発言を適切におもしろがり（文学がわかる！）、インタヴュイーとインタヴュアーを励ましてくれた。須貝さんは準備の段階から精力的かつ誠実に協力して、インタヴューの充実に貢献してくれた。本づくりもまたお二人の努力による。

主題の性格上、数多くの知友に相談し、知恵を借りたことは言ふまでもないが、いちいちお名前をあげるのはわづらはしくなるから省略し、ただ深甚な謝意を表するにとどめる。

そして最後に、いつもと同じやうに和田誠さん、有難う。

二〇一〇年三月二十四日　退院の日の朝

丸谷才一しるす

あとがき――インタヴュアーとして

インタヴューという仕事は、ふつうに考えれば話の聞き手であると同時に、話の導き手でもある。しかし、この『文学のレッスン』では、丸谷才一さんが奔放自在に文学の大山脈を案内してくださるのに、ぜいぜい息をきらしながらついていくばかり、まったくの聞き手であることに終始した。

それはすごく楽しいことではあったけれど、自分はいま山脈のどのあたりにいるのかと、ふと不安に襲われることがあった。そんな時は、事前の打ち合わせで作っておいた地図をとりだして、学生がカンニングするみたいにチラッとのぞいてみたりしたが、しかしそれはあまり有効ではなかった。文学の大山脈を探索する丸谷さんは、時には道なき道を平気で進んでいって、その果てにあっと驚く景観がひらける。そんなことがしばしばあったからである。

文学のあらゆる局面についての、丸谷さんの知識の該博と、思索の深さについては、改めていう必要はないだろう。本書でその一端をご覧いただいた通りである。ここでは、聞き手の役目をまがりなりにも終えてつくづく思ったことを記しておきたい。

　丸谷さんは、古代から現代にいたるまでの文学の姿をたんに手際よく整理してみせたのではない。ここで展開された論議は、つねに現代文学の先端的位置からなされているのである。丸谷才一という文学者が実現した、また体現しているモダニズム文学のありかたに、すべての見解が結びついている。また、そういう丸谷さんの姿勢は、当然ながら現在と未来の文学への展望について、示唆するところがきわめて大きい。それは、これからの文学を考えていくうえに、最上の指標となるはずである。

　私一個の感慨でいえば、インタヴュアーをつとめたことが、自分が最初に予想したよりずっと大きな意味をもっていたことを、いま改めて嚙みしめている。このような稀有な機会を与えてくださった丸谷さんへの感謝を、ひとことだけでもここに記しておきたい。

二〇一〇年三月二十日

湯川豊

もうひとつの少し長いあとがき

1

このインタヴューがどんなふうに行なわれたのか、そのようすを具体的なエピソードによって紹介しておきたい。それを文庫版のための少し長いあとがきとし、解説にかえるというつもりである。

そんなふうに考えたのは、インタヴュアーとしての気持によるところが大きい。丸谷才一さんがいなくなってみると（二〇一二年十月逝去）、最晩年にお話をうかがった一刻一刻が、きわめて貴重な体験だったと思われてならない。個人的に懐（なつ）かしんでいるだけではなく、報告し、記録しておきたい。

季刊誌「考える人」の二〇〇七年春号（五月一日刊）は、「短篇小説を読もう」という特集で、丸谷さんのロング・インタヴューが特集の柱になった。それが始まりである。ちょうど一年後、二〇〇八年春号の特集が「海外の長篇小説ベスト100」で、そこでも丸谷さんはインタヴューに応じてくれた。

この二つのインタヴューで丸谷さんの気持が動いたらしい。「長篇小説」インタヴューが終ったすぐ後に、それでは伝記や批評やエッセイなど、文学にかかわる全分野について系統的に語ってみようかという提案が、丸谷さんからなされたのである。いやその前に、私のほうから『文学のレッスン』と題する一冊ができないかと、おそるおそる打診したようなことがあったかもしれない。私の頭のなかには一九九九年に刊行された『思考のレッスン』（現・文春文庫）という一冊があり、私はそこでも聞き手の一人をつとめていた。

そのような経緯を経て、やがて一冊の『文学のレッスン』になる雑誌連載は円滑にすすんだ。円滑に、というのは、気軽にという意味ではない。丸谷さんは話の中身を精密に準備し、私はその構想に対し忌憚（きたん）のない意見をいうことができる事前のミーティングをもつことができた。

このときにかぎらず、少し長いインタヴューでは（場合によっては対談などでも）、丸谷さんはいつもしっかりしたコンテ（構成案）をつくった。丸谷さんは座談の名手といわれ、たしかにそうには違いなかったが、生来のしゃべり上手ではけっしてなかった。話す前に、自分が納得できるコンテを立てることが習慣になるほど、必要だった。十分な準備をすること、それが丸谷さんのインタヴューの特徴だったといってよい。

大きめの四百字詰原稿用紙に、サインペンなどを使って構成案を書く。一度ですまず、二度三度と修正を加えるときは、巻物みたいに原稿用紙を継ぎ足すだけでなく、上下にも糊貼(のりばり)で覚え書をくっつけた。それが出来上ると、頭におよそ入ってしまうらしく、インタヴューの最中に不定形の巻物をひろげることはあまりなかった。引用文などは、別のノートにコピーが貼られていて、それを読み上げた。

2

丸谷さんがつくった継ぎはぎだらけの巻物は失なわれているが、それをもとにした構成案のメモが編集部の須貝利恵子さんの手もとに保存されていた。

たとえば、第一回の「短篇小説」の章。メモを見て、第一に興味を覚えるのは、実際に行なわれた(そして多少の手直しを加えて活字になった)インタヴューとの違いである。

先行作品を下敷きにして自作をつくる。その典型として、アナトール・フランスの「ユダヤの太守」があげられた。これは『聖書』が先行作品なのだから、いかにもフランスの作家らしく皮肉が利(き)いているし、手がこんでいる。そうした下敷きを使うことを、現代イギリスの女性作家A・S・バイアットは「ハイジャックする」と表現していたと丸谷さんはいった。バイアットの長篇『抱擁』は私も愛読するところだったが、モダニズム文学のみごとな実現だった。

このエピソードは構成案にはなかったものだが、モダニズム文学の推進者である丸谷さんの興の動き方をよく示していた。さらに短篇のもうひとつの重要な技法である枠入り小説（フレームド・ストーリー）に話が及ぶに至って、短篇小説という舞台の上で、ひらりひらりと鮮やかに舞う作家の精神を見る思いがした。

それは次のような見立ての妙にまで及んでいる。

アネクドートに近い＝川端康成の「掌（てのひら）の小説」
随筆に近づく＝山田詠美「快楽の動詞」
童話に近づく＝村上春樹のある種の短篇
散文詩に近づく＝梶井基次郎「檸檬（れもん）」
紀行に近づく＝佐藤春夫「女誡扇綺譚（じょかいせんきだん）」、野口冨士男「なぎの葉考」
伝記に近づく＝実在した人物が登場する時代小説の数々

この卓抜な見立ては、構成案にはなかったが、丸谷さんが当日ひそかに用意してきたものだった。短篇小説というものを、より全体的に眺め渡しておきたいという強い意思の現れかと私は思った。そしてこうした見立ては、実作者の視点があるからできるのだ、とも。

いっぽう、構成案にはあって、話の実際の流れのなかでは触れられなかった項目がある。ジョイスの短篇。アイルランドのフランク・オコナーをはじめとするすぐれた短篇と、その社会との関係。チェーホフを中心とするロシアの短篇の流れが、二十世紀のブーニンまできているということ。とくにブーニン好きの私としては、なぜこれを聞き洩らしたままにしていたのかと、今でも自分に腹を立てている。

二回目の「長篇小説」の章でも、同じように構成案を離れての、意外な話の展開はいくつかあった。しかし、ここではもうそれについては語らないでおこう。というのは、私がとりわけ感嘆したことを記しておきたいからだ。

丸谷さんは長篇小説を評価するポイントを三つあげた。作中人物、文章、筋である。このうち作中人物の魅力があるかどうか、というポイントは、どちらかといえば読者の視点の導入である。「夏目漱石の小説をなぜみんながあんなに好きかというと、やはり苦沙弥先生とか三四郎にひかれるからでしょう」という発言がある。もちろん苦沙弥先生や三四郎に魅かれるか否かは読者の自由だけれど、この発想には読者の視点の導入があり、これは文学概論としては比較的新しい考え方といってもいい。

いや、新しい古いはどうでもいいのだが、小説を読むことがとにかく好き、さらにいえば、古今東西の小説の伝統のなかに身を置いて書くという、モダニズム文学の体現者としての丸谷さんがここにいる。

話が少し細切れになるが、もうひとつ。

日本の小説が筋（ストーリー）を軽視しがちだったことに触れた部分で、それは日本人が人間関係が対立することを望まないという一般的傾向と関連するかどうか、私が尋ねた。丸谷さんは、そこですぐに『源氏物語』をもち出し、「対立を許さない社会に対して、一人の天才が対立する線はあるんだと思ったときに、天皇制に対する一つの疑惑の出しかたをしたわけです。そのときにあの筋が成立したわけで、……」と鮮やかに切り返してみせた。

これはたんに機転などというものではない。文学とは何かを考える精神の動きが、ほとんど筋肉の動きのように作家のうちに内在していることを示している。

そして「長篇小説」インタヴューの最後に、丸谷さんは語っている。

「読者は相変らず小説を読もうとしているし、もしいい現代小説がなければ、昔の小説を読めばいいというような態度でいる。だから長篇小説は、十八世紀、十九世紀あるいはそれ以後の小説も含めて、一種残存形態のようにしてまだわれわれのなかで生きている。」

正確な認識であると同時に、人間がつくりあげてきた小説表現というものへの、強い信頼を表明しているような発言だと思った。

3

章を四つとばして、「戯曲」の章の話に移りたい。

この章は、構成案から話が自発的に横道に外れたりしたということはなかった。構成案そのものが、私の予測に反して変っていた。シェイクスピアや現代イギリス演劇、あるいは丸谷さんが本格的に論じた「忠臣蔵」が大きく取りあげられるのではなかった。

十七世紀スペインのカルデロンの『名誉の医師』という奇妙な作品が戯曲論の入り口になったのである。これは笑劇（ファルス）的要素が多分にあるけれど、悲劇か喜劇か区分がはっきりしないバロック演劇。このバロック演劇からイエズス会劇もまぎれもなくバロック演劇の一種という話になり、そのイエズス会劇を出雲（いずも）の阿国（おくに）がどこかで見て、それを取り入れて歌舞伎（かぶき）が始まったのではないか、という縦横自在の展開になった。

丸谷さんが以前同趣旨のエッセイを書いたものを読んでいたから、私は提示された構成案をようやく理解することができたのだったが、そこからさらにジョージ・スタイナーの『悲劇の死』に論が及び、ついでにマキャヴェッリの『マンドラゴラ』なる怪作にちょっとからかいの手をのばし、最後は現代日本の代表的劇作家、井上ひさしと山崎正和を真正面から論じてみせる。

話が軽快に、ときに魅力的な飛躍をいくつかはさみながらすすめられ、「観客にじかに訴える芸術である演劇」という確固とした視点から論旨がぶれない。道なき道を行くような話しぶりに戸惑い、聞き手としては少なからず疲れたが、終ってみれば——そしていま改めて回想してみれば、快い、贅沢（ぜいたく）きわまりない疲れなのであった。

次の「詩」の章でも、事前に提示された構成案が思い切り変っていた。ジョン・クレランドの『ファニー・ヒル』が入り口で、その一節を丸谷さんがご自身で訳されている。さらには十七世紀英国形而上派詩人トマス・ケアリーの「ア・ソング」をこれまた訳してみせるという力の入れようだった。「戯曲」と同じように、予想外の入り口から話をはじめて、いつのまにか詩の核心に届いているという展開で、感服するしかなかった。

ところで、私はこの「詩」の章で、またもや大事なことを聞きもらしてしまったという悔いがある。

「詩には、レトリックつまりいいまわしの面白さと、韻律つまり音楽的な楽しさ」と二つがある。「この両者を同時に味わわせる快楽」が詩である。それは詩論として十分納得できる。丸谷さんは、十七世紀のケアリーやダンにその快楽があるのと同様に、わが新古今集にも、この二つがみごとに同居している、と覚え書に書いていた。話の流れに心地よく流されているうちに、新古今の歌の実際についてこれを例示していただくのを忘れてしまったのである。『新々百人一首』や『後鳥羽院　第二版』を読めばそのような歌に出会えるとしても、インタヴュアーとしては失敗である。

代りに、といっては変だけれど、構成案にはなかった話を聞くことができた。丸谷さんが若い頃、萩原朔太郎にどっぷりつかるぐらいに魅了されていたこと。今でも、万年筆を買うときの試し書きに、朔太郎の詩「天景」の七行をそっくり書いてみるのだといい、その場ですらすら書いてみせた。丸谷さんはとにかくたくさん万年筆をもっていて、赤、緑、青、黒と、いろんな色のインクをつめて楽しげに使いわけていた。

話がインタヴューのことから少し離れる。

丸谷さんの没後、厖大な蔵書を整理するのが大仕事だったようである。主として現役の編集者たちがご長男にお手伝いして無事その大仕事をすませたのだったが、私も一度だけその作業に参加させてもらった。

本棚の詩集のコーナーには、このインタヴューであげられた田村隆一、谷川俊太郎、入沢康夫、多田智満子、中村稔等各氏の詩集がずらりと並んでいた。試みに本をひらいてみると、気に入った一篇には○印がきっとついていて、ほとんどの詩集に目が通っている。多くは寄贈された詩集であるとしても、それにいちいち目が通っていることに、ただ茫然とするばかりだった。

湯川豊

二〇一三年八月

*

最晩年の十年

1

『文学のレッスン』の大半は二〇〇八年から〇九年にかけて、季刊誌「考える人」に連載されたものである。大半は、というのには理由があって、第一章の短篇小説論は「考える人」の二〇〇七年春号に掲載され、ちょうど一年後、〇八年春号に長篇小説論がのった折に、文学全領域にわたっての丸谷才一さんの話を連載し、のちに一冊の本にしようという話になった。

編集部と私のその提案を、丸谷さんは思いのほかその場で快諾してくれた。そして連載は順調に進んだのだったが、本にする作業は入院・退院の体調を見はからって行なわれた、ということもあった。

そのようなインタヴューの成り立ちを改めて考えてみると、二〇〇八、〇九年にこれが集中してできたのは、じつに幸運なことだったのだ。最晩年、二〇〇四年（七十八、九歳）から二〇一二年（八十七歳）に死去するまで、丸谷さんは何度も病気が見つかり、手術もしている。

正直にいって、自分の迂闊さを棚に上げていえば、丸谷さんが何度も入院していたことを、同時間的にはあまり大変であるとは思わなかった。その第一の理由は、丸谷さん自身がけっこう機嫌よくかまえていて、憂鬱に頭をかかえるという姿がなかったことにある。そのことについては、また後でふれることにして、私はこれを機に、病気のあいだをぬって大きな仕事をしつづけた最晩年の十年を、改めてふりかえってみようと考えた。

それには、万事に緻密さが欠ける私ひとりではとても正確を期せない。病気や手術のたびに実際の介護にあたった長男の根村亮さんに伺うのが一番である。根村さんに承諾いただき、お話を伺った折には、当時「考える人」の編集長だった松家仁之さんと、担当編集者だった須貝利恵子さんがつきあってくださった。その根村さんの話をもとに、私たちの記憶をつきあわせて、最晩年の丸谷さんの、仕事と病気のからまりを語ってみることにする。

老年に至るまで病気らしい病気をしたことがなかった丸谷さんが、初めて入院したのは一九九七年、脊柱管狭窄症である。歩くのに体が大きく左に曲がり、しまいには脚が棒のようになって歩けなくなったこの件については、いったんとばして、のちにまた話をしたい。

それを除くと、二〇〇四年の食道がんが始まりになる。五反田の個人病院の先生がごく初期のポリープを見つけて、神奈川県伊勢原市にある東海大学病院のM先生のもとに送りこんだ。直ちにかるい手術でそれを取った。M先生は手術といわず処置といっていたが、軽度でもやはりがんであった由。

M先生は三兄弟がすべて医師で、ご自身は食道がんの専門家といわれていた。以後、回復は順調だったが、二〇〇六年、二度目の食道がんを、やはり五反田の医師が見つけ、しばらくようすを見た後、再び東海大のM先生の手術になった。

この二回の食道がんの手術のあいだに、丸谷夫人が体調をくずして施設に入るという一件がある。

丸谷さんの二回目の手術も大ごとにならずに済んだ。処置後、つきそった根村さんが看護師に退院はいつかと聞くと、二日後だという。根村さんがいう。

「それを親爺に伝えたら、えらく怒りましてね。二日のわけがないだろう、何をバカなことといってるんだ。だいいち本をたくさん持ってきたのに、それじゃ俺が困る、ということなんですね（笑）」

ご長男から見た父親は、本さえ読んでいれば穏やかに機嫌がよく、けっしてわがままな病人ではなかった。当てにしていた時間に、当てにしていた本が読めないから癇癪を起こすというのは、丸谷才一ならでは、である。

二日後の土曜日に、厖大な本とともに予定通り退院。それ以降、ものを食べてちょっと食道がつかえるということはあったようだが、食道がんはそれで治まった。

ただ、大食家によくあるように、食べるのが早い人で、その癖は根村さんがいっても直るものではなかった。それに私の印象をつけ加えると、美食家でたくさん食べる人ではあったけれど、この二〇〇六年の手術あたりから、徐々に食べる量が減ったように思われる。「考える人」のインタヴューはおおむね夕食をしながら行なわれたのだったが、「丸谷さんの前に和食の皿がたくさんたまっていくのを見て、やはり食道のぐあいが悪いのかなあと、心配したりしました」というのが、当時編集長だった松家さんの感想である。

ところで、「本さえ読めれば機嫌がいい」というのは、先にふれた一九九七年の脊柱管狭窄症で入院手術したときの、根村さんの思い出である。これは腰の手術を要する難病であったが、九段坂病院のN先生という名医の手術によって無事全治した。けっこう長い入院だったけれど、「一回か二回、見舞いに行った記憶では、親爺はものすごく元気でした」と根村さんはいう。

編集者から電話がかかってこない。本がたくさん読めて、じつにいいんだ、といって病院生活が苦にならないようすだったとのこと。「我慢強いところもあったんでしょうし、それにお医者さんをわりに尊敬するタイプでした」。

めずらしいことに、丸谷さんはこの九段坂病院への入院と手術について、「居心地のよい病院」と題する長いエッセイを書いている（「文藝春秋」一九九八年四月号）。全体がユーモアにいろどられているが、そこでもよく本が読めたことにふれているし、N医師への信頼を語ってもいる。

丸谷さんの、西洋医学とそれにたずさわるすぐれた医師への信頼は、日頃の話のなかでもゆるぎがない、という感じがした。

松家さんがそのことについて、「やはりお父さんが医者だということにつながっているでしょうか」と根村さんに訊いた。

「僕は完全にそうだと思います。父親のことをほとんど尊敬していましたね。自分の親を尊敬しているなんてことは、他人にはいうものじゃない、というのが親爺のいい方でしたけれども。

自分が医者にならなかった理由は、あんなに勤勉にきちんとやることは、自分にはできないからだ、というんです。雪国の冬の夜でも、父親は一度も往診を断ったことがない。そんなふうにいって、非常に尊敬していました。僕は父の父に会ったことがないわけだから、どういう人だったか知らないんですが」

話を最晩年の十年に戻す。

二〇〇四年と〇六年、二回の食道がんの頃の仕事のあり方を見ておこう。ちなみに二〇〇四年は、七十八～九歳である。

本の出版では、『ゴシップ的日本語論』『後鳥羽院　第二版』『いろんな色のインクで』など、批評領域での注目作がある。とりわけ、『後鳥羽院　第二版』は三十年前の『後鳥羽院』に新しく三篇の長い論考を加えたもので、丸谷さんの持続する関心とその達成をみごとに示しているものだ。

また一九八〇年代前半からつづいている「オール讀物」連載の名物エッセイは二〇〇〇年代になってもせっせと書き継がれていて、この時期では『綾とりで天の川』『双六で東海道』などの単行本になっている。

一年前の〇三年には、長篇小説『輝く日の宮』が出版されている。丸谷さんの長篇のなかでもきわだって完成度が高く、代表作の一つといってよい。この作品によって泉鏡花賞を受賞、また「『輝く日の宮』にいたる多年の文学的業績」によって朝日賞を受賞した。さらに賞ではないが、〇六年には文化功労者に選ばれている。

『すばる歌仙』とか『文学全集を立ちあげる』など共同作業の成果もあり、この時期ばりばりの現役という感じが強い。

2

病気の件に戻ると、その後に来たのが二〇一〇年初頭の胆管がんの手術だった。

『文学のレッスン』に関する打ち合せで、丸谷宅を編集担当の須貝さんと共に訪れたとき、丸谷さんの顔が余りに黄色いのに驚いた。帰りぎわ、須貝さんが黄疸の発症ではないか、と思い切ったように丸谷さんにいったのが事の始まりになった。

翌日から直ちに検査、胆管がんであることがわかった。一月初め、東海大学病院東京分院（代々木）で、すぐれた専門医師の手術となった。「本格的な手術だったし、取られた臓器もずいぶん大きかった」と根村さんはいう。

入院も一カ月ほどと長く、手術後のリハビリテーションが大変だった。根村さんは、見舞いに行ったとき、必ず一緒に病院内を歩く訓練に立ちあった。根村さんには「ずいぶん歩いたな」という記憶がある。

この手術のとき、心臓があまりよくないのが発見された。以前に心筋梗塞らしいものを起こした跡がみつかった。心臓を守る特別な薬の点滴を行ないながらの手術だったが、手術そのものは無事成功し、丸谷さんは元の生活に戻ることができた。

仕事のことでいうと、二〇〇九年十月にジェイムズ・ジョイスの『若い藝術家の肖像』を全面的に改訳し（新訳といってもいいほど）、出版している。これが六十一回（二〇〇九年度）の読売文学賞を受賞した。丸谷さんは入院中の病院から出席、元気さを強調するような大声で、壇上から受賞スピーチを行なった。ちなみにいうと、永川玲二・高松雄一と三人共訳のジョイス『ユリシーズ』全三巻を、一九九六年から翌年にかけて三十年ぶりに改訳し、刊行している。それにつぐ『若い藝術家の肖像』の改訳で、ジョイスの翻訳・研究の仕事にあざやかに区切りをつけた。

二〇一〇年の出版物を見ると、三月、軽エッセイ集『人間的なアルファベット』、五月、単行本の『文学のレッスン』、九月、『あいさつは一仕事』、十二月、批評、エッセイ、書評を集めた『星のあひびき』が刊行されている。旺盛な仕事をよく反映しているといえるだろう。

そういう出版物もさることながら、胆管がん手術からの退院後、おそらくは日ならずして新しい長篇小説に取りかかっている。翌二〇一一年十月に『持ち重りする薔薇の花』というタイトルで刊行される作品である。

この小説はかなり長い時間をかけて取材ができていた。米国の音楽大学にいる日本の若者四人が四重奏団を結成する。その四重奏団の活動の消長を、経団連会長をつとめた財界の大物が（陰の後援者という立場から）語り尽すという小説は、音楽家たちを描くという点からいっても、十分な取材を必要としたのである。

その取材がすでに十分行なわれていたとはいえ、小説は丸谷さんとしては例外的な早さで書かれた。一一年初夏にはいちおうの完成をみたのである。三百枚（四百字詰原稿用紙）を少し越えるほどの、短かめの長篇とはいえ、ほぼ一年で書きあげている。丸谷さんはそんなことを洩らしたことはなかったようだが、胆管がんという大きな手術の後、どうしてもこの作品は書いておきたいという思いが、その速度に乗り移っているように思われてならない。

四重奏団のメンバーの、けっして仲良くなれないという関係を描きながら、そのいちばんの底には、小説家とは何か、現代日本の小説とは何かという、丸谷さんにとっては片時も忘れることができない問いかけがある。

この年、七月に『樹液そして果実』という晩年の文芸評論を網羅した大部の一冊を刊行、十月に『持ち重りする薔薇の花』が出て、同じ月、文化勲章の受章が決定した。丸谷さんは八十六歳になっていた。

私たちは、十二月一日に受章を祝う会を開いて喜びを頒ちあった。

3

根村亮さんは、文化勲章のきまったあたりからけっこうめまぐるしいような忙しさがつづいたことで、丸谷さんの体調を心配した。しかし、その後も無事に過す日が戻ってきたので、一息つくことができたのである。

胆管がん手術のときに発見された心臓の弱まりは、けっして軽視できるようなものではなかった。東海大病院で三カ月に一度検査を受けつづけていて、大きな変化はなく、そのなかで丸谷さんは『持ち重りする薔薇の花』に取り組んでいたことになる。

胆管がん手術の後、入院に十分時間をとって、一人で生活できるというところまで回復しての退院だった。お手伝いさんの来る時間をできるだけふやしたけれども、夜は一人での生活である。

(ここで書いておかなければならないのは、根村亮さんが地方にある大学の教授であるということだ。勤め先が遠くにあるから、丸谷さんを見舞うにも限度がある。)

そうした一人の生活で、丸谷さんは概して朗らかで、機嫌よく仕事に取り組んだ。そして八十六歳で、最後の長篇を上梓するのである。

二〇一二年一月、NTT東日本関東病院の健康診断で心臓の状態がひっかかって、即入院となった。このときの病院の処置としては、ステントを入れた。

それでもこのままにしておいていいのか。丸谷さん自身も気にすることになった。丸谷さんはセカンド・オピニオンとして、金沢大学医学部の心臓の名医S先生の判断を仰いだ。診断はたまたま東京で行なわれたので、私は文藝春秋の担当編集者であった村上和宏さんと共に、S先生の診断を聞くのに同席した。

専門的なことは私には不明だが、心臓の働かなくなっている部分を補正するために、手術をしたほうがいいというS先生の診断だった。S先生は金沢大学の人だから、手術は金沢である。そのような問題はあるけれど、丸谷さんは、手術を受けることを選んだ。信頼した医師を、最後まで信頼する。丸谷さんの医学に対するそういう態度を目のあたりにした思いだった。四月に入院、手術。折悪しく、院内感染が発生するなどというゴタゴタがあったけれど、手術は無事終了し丸谷さんは東京に戻ってきた。

しかし手術前後の精密検査で、腎盂がんが新たに発見されたのである。根村さんはいう。

「心臓の手術をやったばかりだし、いろんなことを考えあわせるとその手術はまず無理だろうという判断になった。あとは余命をどう長くするかだけれど、それがわからない。

二カ月かもしれないし、二年かもしれないということでした」

根村さんは病院でいわれたことを、すべて丸谷さんに話した。東京でお手伝いさんの人数をふやし、いつでもＮＴＴ病院に入れるという態勢をつくったうえで、丸谷さんは東京に戻ったのである。

戻ってから丸谷さんは以前から考えていた短篇（九十枚ほど）を書き、いったんはそれが完成した。それが八月末。しかし、読み返してどうしても気にいらないところがある、といって跡形もなくそれを破棄してしまった。私はもちろん読んでいない。根村さんがそのほんの一部をチラッと目にしただけである。

惜しいなあと思うと同時に、私はこの話に大きな感銘を受けた。この年齢で、気にいらないからといって、完全に破棄する。勇気と決断がいるに違いない。それをあえてやる丸谷さんは、徹頭徹尾現役の小説家なのだ。また同時に、現役の批評家でもなければ、そんなことはできるわけがない。

二〇一二年十月七日夜、たまたま根村さんが在宅しているときに、丸谷さんは自宅で倒れた。救急車で病院へ。もう意識を取り戻すことはないだろうと医師はいったが、ＩＣＵで奇蹟的に意識を回復した丸谷さんと、根村さんは最後の話を交わすことができた。

十月十三日に逝去。

死後、根村さんが、遺作の小説があります、といって見せてくれた作品があった。それは二週間ほど前、丸谷さんがこんどの小説のタイトルは「茶色い戦争ありました」だと私のもとにファクスで送ってきた、そのタイトルがついていた。全部で四つある短篇の一つで、総タイトルは「思へば遠く来たもんだ」。そのうちの三番目に置かれるはずの一篇だけを、丸谷さんは残してくれたことになる。

最後まで現役作家でいることを願い、そのように努力し、そして現役作家として八十七歳で亡くなった。みごとな生死である。

湯川豊

二〇一七年三月

新潮選書

文学のレッスン

著　者………………丸谷才一
聞き手………………湯川　豊

発　行………………2017年4月25日

発行者………………佐藤隆信
発行所………………株式会社新潮社
〒162-8711 東京都新宿区矢来町71
電話　編集部 03-3266-5411
　　　読者係 03-3266-5111
http://www.shinchosha.co.jp
印刷所………………大日本印刷株式会社
製本所………………株式会社大進堂

乱丁・落丁本は、ご面倒ですが小社読者係宛お送り下さい。送料小社負担にてお取替えいたします。価格はカバーに表示してあります。

ISBN978-4-10-603801-3 C0395

本書は『文学のレッスン』のタイトルで二〇一〇年に小社より刊行され、
二〇一三年に新潮文庫に収録されたものを底本とし、新たに刊行した。

「文学のレッスン」読書案内

＊本文で紹介されている主なものを編集部が選びました。
品切れの本も含まれています。

【短篇小説】もしも雑誌がなかったら

モーパッサン『脂肪の塊・テリエ館』青柳瑞穂訳、新潮文庫
ボッカッチョ『デカメロン』上下、河島英昭訳、講談社文芸文庫
ツルゲーネフ『猟人日記』上下、佐々木彰訳、岩波文庫
ワシントン・アーヴィング『スケッチ・ブック』高垣松雄訳、岩波文庫
島崎藤村『千曲川のスケッチ』新潮文庫
フィリップ・ロス『素晴らしいアメリカ野球』中野好夫・常盤新平訳、集英社文庫
川端康成『掌の小説』新潮文庫
アナトール・フランス「ユダヤの太守」『アナトール・フランス小説集７』白水社
長谷川櫂『古池に蛙は飛びこんだか』花神社
谷崎潤一郎『吉野葛・蘆刈』岩波文庫
佐藤春夫「女誡扇綺譚」『定本佐藤春夫全集』第５巻、臨川書店
ジェイムズ・ジョイス『ダブリンの市民』高松雄一訳、集英社
シャーウッド・アンダソン『ワインズバーグ・オハイオ』小島信夫・浜本武雄訳、講談社文芸文庫
コナン・ドイル『シャーロック・ホームズの冒険』延原謙訳、新潮文庫
丸谷才一『樹影譚』文春文庫
梶井基次郎『檸檬』新潮文庫
野口冨士男『なぎの葉考・少女』講談社文芸文庫
田山花袋『蒲団・重右衛門の最後』新潮文庫
チボーデ『小説の読者』白井浩司訳、ダヴィッド社
ジェイムズ・ジョイス『ユリシーズ』Ⅰ～Ⅳ、丸谷才一・永川玲二・高松雄一訳、集英社文庫
石川淳『普賢・佳人』講談社文芸文庫
志賀直哉『小僧の神様・城の崎にて』新潮文庫
谷崎潤一郎『卍』『蓼喰う虫』『猫と庄造と二人のおんな』新潮文庫
永井荷風『腕くらべ』『おかめ笹』岩波文庫
吉行淳之介『鞄の中身』講談社文芸文庫
アイリス・マードック「何か特別なもの」『イギリス短篇24』丸谷才一編訳、集英社

【長篇小説】どこからきてどこへゆくのか

マーク・トウェイン『ハックルベリイ・フィンの冒険』村岡花子訳、新潮文庫

メルヴィル『白鯨』上下、田中西二郎訳、新潮文庫
ベネディクト・アンダーソン『想像の共同体』白石隆・白石さや訳、書籍工房早山
マンゾーニ『いいなづけ』上中下、平川祐弘訳、河出文庫
ジェイン・オースティン『高慢と偏見』上下、中野康司訳、ちくま文庫
トルストイ『アンナ・カレーニナ』上中下、木村浩訳、新潮文庫
ドストエフスキー『悪霊』上下、江川卓訳、新潮文庫
ドストエフスキー『カラマーゾフの兄弟』上中下、原卓也訳、新潮文庫
エラリー・クイーン『Ｙの悲劇』大久保康雄訳、新潮文庫
三島由紀夫『午後の曳航』新潮文庫
ミラン・クンデラ『冗談』関根日出男・中村猛訳、みすず書房
ミラン・クンデラ『存在の耐えられない軽さ』千野栄一訳、集英社文庫
ロレンス・スターン『トリストラム・シャンディ』上中下、朱牟田夏雄訳、岩波文庫
ロレンス・ダレル『アレクサンドリア四重奏』１～４、高松雄一訳、河出書房新社
デーブリーン『ベルリン・アレクサンダー広場』早崎守俊訳、河出書房新社
ヨーゼフ・ロート『ラデツキー行進曲』平田達治訳、鳥影社・ロゴス企画
ヴァージニア・ウルフ『ダロウェイ夫人』丹治愛訳、集英社文庫
夏目漱石『三四郎』新潮文庫
永井荷風『つゆのあとさき』岩波文庫
宇野千代『色ざんげ』新潮文庫
吉田健一『東京の昔』中公文庫
丸谷才一『たった一人の反乱』講談社文芸文庫
丸谷才一『女ざかり』文春文庫
バルザック「人間喜劇」セレクション全13巻・別巻２、藤原書店
ジーン・リース「サルガッソーの広い海」『世界文学全集２―１』小沢瑞穂訳、河出書房新社
シャーロット・ブロンテ『ジェーン・エア』上下、大久保康雄訳、新潮文庫
ナボコフ『ロリータ』若島正訳、新潮文庫
大江健三郎『美しいアナベル・リイ』新潮文庫
セルバンテス『ドン・キホーテ』全４巻、荻内勝之訳、新潮社
フローベール『ボヴァリー夫人』生島遼一訳、新潮文庫
マイケル・オンダーチェ『イギリス人の患者』土屋政雄訳、新潮文庫
丸谷才一『輝く日の宮』講談社文庫
ナボコフ『賜物』上下、大津栄一郎訳、福武文庫
グレアム・グリーン『拳銃売ります』飯島正・舟田敬一訳、早川書房
グレアム・グリーン『密使』北村太郎・伊藤尚志訳、早川書房
ゴールディング『蠅の王』平井正穂訳、新潮文庫
アンドレ・マルロー『王道』渡辺淳訳、講談社文芸文庫
吉野源三郎『君たちはどう生きるか』岩波文庫

【伝記・自伝】伝記はなぜイギリスで繁栄したか

リットン・ストレイチー『ヴィクトリア朝偉人伝』中野康司訳、みすず書房
G・D・ペインター『マルセル・プルースト――伝記』上下、岩崎力訳、筑摩書房
レドモンド・オハンロン『コンゴ・ジャーニー』上下、土屋政雄訳、新潮社
ブルース・チャトウィン「パタゴニア」『世界文学全集2―8』芹沢真理子訳、河出書房新社
スエトニウス『ローマ皇帝伝』上下、国原吉之助訳、岩波文庫
プルタルコス『英雄伝』上中下、村川堅太郎編、ちくま学芸文庫
ヴァザーリ『ルネサンス画人伝』平川祐弘・小谷年司・田中英道訳、白水社
伴蒿蹊『近世畸人伝』中野三敏校注、中公クラシックス
ボズウェル『サミュエル・ジョンソン伝』1～3、中野好之訳、みすず書房
ゲーテ『詩と真実』全4巻、山崎章甫訳、岩波文庫
ツワイク『ジョゼフ・フーシェ』高橋禎二・秋山英夫訳、岩波文庫
ヴァージニア・ウルフ『オーランドー』杉山洋子訳、ちくま文庫
ヴァージニア・ウルフ『ある犬の伝記』出淵敬子訳、晶文社
河村錠一郎『コルヴォー男爵――フレデリック・ロルフの生涯』試論社
森鷗外「渋江抽斎」「伊沢蘭軒」「北条霞亭」『森鷗外全集』6～9巻、ちくま文庫
平野謙『島崎藤村』岩波現代文庫
中野好夫「蘆花徳冨健次郎」『中野好夫集』9～11巻、筑摩書房
徳冨蘆花『謀叛論』岩波文庫
リチャード・エルマン『ジェイムズ・ジョイス伝』1・2、宮田恭子訳、みすず書房
ジョナサン・ハスラム『誠実という悪徳――E・H・カー 1892―1982』角田史幸・川口良・中島理暁訳、現代思潮新社
小林秀雄『ドストエフスキイの生活』新潮文庫
角田文衞『待賢門院璋子の生涯――椒庭秘抄』朝日選書
大野晋『語学と文学の間』岩波現代文庫
ルソー『告白』上中下、桑原武夫訳、岩波文庫
新井白石『折たく柴の記』松村明校注、岩波文庫
福沢諭吉『福翁自伝』岩波文庫
高橋是清『高橋是清自伝』上下、中公文庫
荒畑寒村『寒村自伝』上下、岩波文庫
中村稔『私の昭和史』青土社
エドマンド・ゴス『父と子』川西進訳、ミネルヴァ書房

【歴史】物語を読むように歴史を読む

フェルナン・ブローデル『地中海』全5巻、浜名優美訳、藤原書店
ミッチェル編『物語について』海老根・新妻・林・原田・野崎・虎岩訳、平凡社
タキトゥス『年代記』上下、国原吉之助訳、岩波文庫

ギボン『ローマ帝国衰亡史』全10巻、中野・朱牟田・中野訳、ちくま学芸文庫
ブルクハルト『イタリア・ルネサンスの文化』Ⅰ・Ⅱ、柴田治三郎訳、中公クラシックス
小坂井敏晶『民族という虚構』ちくま学芸文庫
ル・ロワ・ラデュリ『モンタイユー』上下、井上・波木居・渡邊訳、刀水書房
石母田正『中世的世界の形成』岩波文庫
五味文彦『院政期社会の研究』山川出版社
ピーター・ゲイ『歴史の文体』鈴木利章訳、ミネルヴァ書房
アッリアノス『アレクサンドロス大王東征記』上下、大牟田章訳、岩波文庫
和辻哲郎『鎖国——日本の悲劇』上下、岩波文庫
ゴンブリッチ『若い読者のための世界史』上下、中山典夫訳、中公文庫
ヴォルテール『ルイ十四世の世紀』全4巻、丸山熊雄訳、岩波文庫
アレクサンドル・デュマ「鉄仮面」『ダルタニャン物語10』鈴木力衛訳、講談社文庫
ボアゴベ『鉄仮面』上下、長島良三訳、講談社文芸文庫
司馬遷『史記』全8巻、小竹文夫・小竹武夫訳、ちくま学芸文庫
山崎正和編「世阿弥」『日本の名著 10』観世寿夫・西野春雄訳、中央公論社
中沢厚『つぶて』法政大学出版局
山本淳子『源氏物語の時代』朝日選書
フレイザー『金枝篇』上下、吉川信訳、ちくま学芸文庫
頼山陽『日本外史』上中下、頼成一・頼惟勤訳、岩波文庫
石田幹之助『長安の春』東洋文庫
ホイジンガ『中世の秋』Ⅰ・Ⅱ、堀越孝一訳、中公クラシックス

【批評】学問とエッセイの重なるところ
ルカーチ「魂と形式」『ルカーチ著作集1』川村二郎・三城満禧・円子修平訳、白水社
小林秀雄『本居宣長』上下、新潮文庫
山本健吉『詩の自覚の歴史』ちくま学芸文庫
ジェイムズ・ジョイス『フィネガンズ・ウェイク』全4巻、柳瀬尚紀訳、河出文庫
ジェイムズ・ジョイス『若い藝術家の肖像』丸谷才一訳、集英社
アウエルバッハ『ミメーシス』上下、篠田一士・川村二郎訳、ちくま学芸文庫
小林秀雄『モオツァルト・無常という事』新潮文庫
花田清輝『復興期の精神』講談社文芸文庫
エドマンド・ウィルソン『アクセルの城』土岐恒二訳、ちくま学芸文庫
テーヌ『英国文学史』手塚リリ子・手塚喬介訳、白水社
マリオ・プラーツ『肉体と死と悪魔』倉智・土田・草野・南條訳、国書刊行会
マリオ・プラーツ『ローマ百景』Ⅰ・Ⅱ、白崎・伊藤・浦・上村訳、ありな書房
山本健吉『古典と現代文学』講談社文芸文庫
山崎正和『不機嫌の時代』講談社学術文庫
丸谷才一『日本文学史早わかり』講談社文芸文庫

ナボコフ『ナボコフのドン・キホーテ講義』行方昭夫・河島弘美訳、晶文社
バルガス＝リョサ『果てしなき饗宴――フロベールと『ボヴァリー夫人』』工藤庸子訳、筑摩書房
安岡章太郎『私の濹東綺譚』新潮文庫
中村真一郎「荷風の生涯と藝術」『永井荷風研究』新潮社
石川淳『森鷗外』岩波文庫
ポール・ヴァレリー『レオナルド・ダ・ヴィンチの方法』山田九朗訳、岩波文庫
バフチン『ドストエフスキーの詩学』望月哲男・鈴木淳一訳、ちくま学芸文庫
バフチーン『フランソワ・ラブレーの作品と中世・ルネッサンスの民衆文化』川端香男里訳、せりか書房
丸谷才一『新々百人一首』上下、新潮文庫
フォースター「小説の諸相」『E.M.フォースター著作集８』中野康司訳、みすず書房
デイヴィッド・ロッジ『小説の技巧』柴田元幸・斎藤兆史訳、白水社
吉田健一『文学概論』講談社文芸文庫
福田恆存『藝術とは何か』中公文庫
ジョージ・スタイナー『悲劇の死』喜志哲雄・蜂谷昭雄訳、ちくま学芸文庫
ジョージ・スタイナー『言語と沈黙』由良君美他訳、せりか書房
丸谷才一『忠臣藏とは何か』講談社文芸文庫
丸谷才一『後鳥羽院 第二版』ちくま学芸文庫

【エッセイ】定義に挑戦するもの
永井荷風『摘録　断腸亭日乗』上下、磯田光一編、岩波文庫
ローデンバック『死都ブリュージュ』窪田般彌訳、岩波文庫
ホフマンスタール『チャンドス卿の手紙』檜山哲彦訳、岩波文庫
佐藤春夫『田園の憂鬱』新潮文庫
プルタルコス『饒舌について』『食卓歓談集』柳沼重剛訳、岩波文庫
フランシス・ベーコン『ベーコン随想集』渡辺義雄訳、岩波文庫
チャールズ・ラム『エリア随筆』戸川秋骨訳、岩波文庫
タキ『ハイ・ライフ』井上一馬訳、河出文庫
ナボコフ『ナボコフ自伝――記憶よ、語れ』大津栄一郎訳、晶文社
アラン『幸福論』串田孫一・中村雄二郎訳、白水社
W・H・オーデン『わが読書』中桐雅夫訳、晶文社
ヴァルター・ベンヤミン『パサージュ論』全５巻、今村・三島ほか訳、岩波現代文庫
『三田村鳶魚全集』全27巻、中央公論社
夏目漱石『硝子戸の中』新潮文庫
薄田泣菫『茶話』岩波文庫
大岡昇平『成城だより』上下、講談社文芸文庫
吉田秀和『調和の幻想』中央公論社

前野直彬『風月無尽』東京大学出版会
徳田武『江戸詩人伝』ぺりかん社
富士川英郎『江戸後期の詩人たち』『菅茶山』筑摩書房
金関丈夫『木馬と石牛』岩波文庫
中井久夫『清陰星雨』みすず書房
ナタリア・ギンズブルグ『ある家族の会話』須賀敦子訳、白水Uブックス

【戯曲】芝居には色気が大事だ

カルデロン・デ・ラ・バルカ『名誉の医師』岩根圀和訳、大学書林
ジェーン・エレン・ハリスン『古代の芸術と祭祀』星野徹訳、法政大学出版局
シェイクスピア『ハムレット』『マクベス』福田恆存訳、新潮文庫
ベケット『ゴドーを待ちながら』安堂信也・高橋康也訳、白水Uブックス
ヤン・コット『シェイクスピアはわれらの同時代人』蜂谷昭雄・喜志哲雄訳、白水社
ニーチェ『悲劇の誕生』秋山英夫訳、岩波文庫
ゲーテ『ファウスト』第１・２部、池内紀訳、集英社文庫
井上ひさし『父と暮せば』新潮文庫
マキァヴェッリ「マンドラーゴラ」『マキァヴェッリ全集４』岩倉具忠訳、筑摩書房
チェーホフ『かもめ・ワーニャ伯父さん』『桜の園・三人姉妹』神西清訳、新潮文庫
三島由紀夫『鹿鳴館』新潮文庫
『山崎正和全戯曲』全３巻、河出書房新社

【詩】詩は酒の肴になる

大岡信『うたげと孤心』集英社
ジョン・クレランド『ファニー・ヒル』吉田健一訳、河出文庫
吉田健一『英国の文学』岩波文庫
大岡昇平『野火』新潮文庫
大岡信「地名論」『大岡信詩集 自選』岩波書店
大岡信『紀貫之』ちくま文庫
田村隆一「四千の日と夜」『腐敗性物質』講談社文芸文庫
谷川俊太郎『二十億光年の孤独』集英社文庫
入沢康夫『わが出雲・わが鎮魂』思潮社
島崎藤村『若菜集』日本図書センター
萩原朔太郎『月に吠える』角川文庫
萩原朔太郎『青猫』集英社文庫
西脇順三郎『Ambarvalia／旅人かへらず』講談社文芸文庫
菅野昭正『詩の現在』集英社
大岡信『折々のうた』岩波新書
エズラ・パウンド『詩学入門』沢崎順之助訳、冨山房